LA CONSTITUCIÓN
DE LA DIGNIDAD

- PRIMER BORRADOR –

2ª. EDICIÓN

Thiago Lyra
(Yaakov Antonius Miriam Lyrae)

Santiago, 2020

LA CONSTITUCIÓN DE LA DIGNIDAD

PRIMER BORRADOR

Thiago Lyra

(Yaakov Antonius Miriam Lyrae)

ISBN 9798604865057

Del Parlamento Federal

De los Parlamentos Locales

Del Poder Judiciario

De la Corte Federal

De los Tribunales Federales

De las Cortes Locales

De los Tribunales Locales

Del Poder Ejecutivo

Del Gabinete de Ministerios del Gobierno Federal

De las instituciones públicas estratégicas subordinadas al Poder Ejecutivo Federal

De los Gabinetes de Secretarias de los Gobiernos Locales

De las instituciones públicas estratégicas subordinadas al Poder Ejecutivo Local

SOBRE EL AUTOR

Thiago Lyra nació en São Gonçalo, ciudad de la periferia de la región metropolitana de Río de Janeiro, región donde vivió hasta fines de 2010, año en que llega a radicarse en Santiago de Chile, donde vive actualmente.

Con estudios superiores en filosofía, economía y una permanente investigación autónoma en ingeniería social, se auto define profesionalmente como un "creativo universal", dado que además de aplicar su creatividad en la música como compositor, intérprete y productor musical, también lo hace en la literatura, el dibujo, la pintura, la fotografía, la actuación y el audiovisual, trabajando en el desarrollo, gestión y ejecución de distintos proyectos comunicacionales y consultorías creativas en planeamiento estratégico integral para organizaciones sociales, instituciones educacionales, negocios, producciones culturales y campañas políticas.

La música siempre estuvo presente en su vida, influenciado por su padre, un vendedor autónomo que también era un guitarrista y bajista aficionado que tocaba en la banda de su iglesia, y por su madre, una empleada doméstica a quién le apasiona cantar mientras realiza las tareas del hogar y de quién aprendió que uno puede crear sus propias canciones.

Empezó a cantar en la iglesia a los 4 años, luego de aprender tardíamente a hablar. A los 12 años compuso su primera canción dedicada a la niña del colegio que le gustaba y desde entonces no ha dejado de componer. A los 14 años empezó a estudiar guitarra de manera autodidacta al darse cuenta de que esta era la única manera de que sus composiciones quedasen exactamente como las quería. Compraba revistas baratas que le enseñaban a tocar sus canciones favoritas, aprendía nuevos acordes y trucos de sus amigos del barrio y del colegio, practicando la guitarra en los pocos momentos libres que tenía en el depósito de reciclaje de metales donde trabajaba cargando y descargando camiones.

Durante su adolescencia e inicio de su juventud aprendió percusión afrobrasileña en las ruedas de capoeira y en los templos de Umbanda, religión fundada en Brasil que mezcla elementos de las creencias católicas, africanas, indígenas y populares existentes en el país. En estos años, también participó de distintas bandas locales, teniendo sus primeras experiencias en escenarios y estudios de grabación.

Al llegar a Chile empezó a estudiar cavaquinho de manera autodidacta, un instrumento portugués que dió origen al ukelele, por este ofrecer una comodidad mayor que la guitarra, por su tamaño reducido, para moverse y tocar en las micros de Santiago, donde sin darse cuenta inició su carrera musical viviendo de los aportes recibidos de los pasajeros. Al principio lo hacía apenas para divertirse y conocer la ciudad y su gente mientras vacacionaba, pero al ver el impacto que causaba con su música en las calles santiaguinas y recibiendo el aliento de la misma gente a tomarse en serio como artista, abrazó de cuerpo y alma esta nueva posibilidad en su vida, dejando atrás en definitivo su tierra natal, familia, amigos, estudios universitarios y un trabajo estable. Una valiente y arriesgada decisión que el tiempo fue confirmando como la acertada: de a poco fue alcanzando progresivamente el reconocimiento del público, actuaciones en escenarios más prestigiosos y el interés de la prensa nacional y extranjera, en paralelo a la construcción de una gran red de apoyo y a la consolidación de un equipo de trabajo cada vez más estable y eficiente.

En el verano de 2016, lanzó su primer single oficial "MIRA MINA" por el sello fonográfico Cactus Music Business, compañía fundada y dirigida por el productor ejecutivo Diego Monje, dando inicio a la etapa profesional de su carrera como solista y a su presencia en la industria musical independiente chilena, tras cinco años tocando en las micros de Santiago y lanzando producciones auto gestionadas (entre las cuales se destaca sus composiciones

"MUNDOFELIZ", "PASSARINHOS VERDES" y "BAJO LAS ESTRELLAS"), tiempo de los cuales tres años también participó como vocalista en Ahinko, banda de reggae que co-fundó, lanzando dos EPs de forma independiente y dos singles sueltos por Cactus Music Business: una reedición de "BAJO LAS ESTRELLAS" y "144.000".

Su discografía cuenta con un disco ("CON AMOR PARA MIS AMORES VOL.1"), que según el artista representó la experiencia de descubrimiento de su identidad musical actual, y también dos singles sueltos ("BAJO LAS ESTRELLAS" y "PIRANHA"), que se encuentran disponibles en las diversas plataformas de distribución digital de música.

Desde entonces viene marcando presencia en importantes escenarios del país, prepara su próximo álbum y la internacionalización de su ascendente carrera, sin dejar de lado otras iniciativas musicales paralelas junto a otros artistas, como las que hizo junto al rapper y productor ejecutivo Roots Moe, con quién obtuvo su primer millón de reproducciones en YouTube con "BLACKBLACK - CONEXIÓN DE BARRIOS" y junto a la legendaria agrupación chilena, Santiago del Nuevo Extremo, con quién grabó una versión en portugués del clásico "A MI CIUDAD".

A parte de una activa vida artística, Thiago, también tiene una historia en la política que empieza en temprana edad. A los 14 años, ingresó al movimiento estudiantil secundario donde rápidamente ascendió a dirigente, tornándose uno de los líderes del victorioso movimiento por la gratuidad en el transporte público para las estudiantes y los estudiantes de la red pública de educación del Estado de Rio de Janeiro. Ocupó cargos directivos en diversas entidades del movimiento estudiantil, tanto secundario como universitario, llegando a ser vicepresidente de la *União Estadual de Estudantes do Rio de Janeiro (UEE-RJ)* y a ser invitado a candidatearse a la mesa ejecutiva de *União Nacional dos Estudantes (UNE)*, invitación que rechazó debido a su decepción con el movimiento estudiantil como posible instrumento de transformación social. También fue dirigente de la *Juventude Socialista Brasileira (JSB)* y del *Partido Socialista Brasileiro (PSB)*, donde llegó a ser candidato a concejal de su ciudad natal en 2008 con tan solo 23 años.

Desde que llegó a Chile, estuvo alejado de la política hasta que en 2017 se afilió internamente al Partido Humanista (PH), donde por un breve período ejerció como Coordinador Nacional de Cultura, afiliación y ejercicio que fueron desconocidos por la directiva de este partido después que Thiago denunció públicamente por las redes sociales, un día antes de las elecciones, a dos candidatos a diputado del PH, dirigentes del partido, y, también, a un candidato a diputado de Revolución Democrática (RD) por trato discriminatorio. Los cuestionamientos levantados en aquella ocasión siguen hasta hoy sin respuesta.

Posterior a esto, Thiago se tornó un ácido crítico del Partido Humanista por su "falso humanismo" y del Frente Amplio por decir "ser de muchos, cuando en verdad es de unos pocos".

Actualmente, viene colaborando activamente en la formación del partido "FUERZA CULTURAL" en Chile, pese haber declarado públicamente el año pasado su intención en participar de las elecciones presidenciales de Brasil en 2022 como candidato, algo aparentemente imposible. Por ahora, se mantiene el silencio con respecto al tema.

LA CONSTITUCIÓN DE LA DIGNIDAD – PRIMER BORRADOR es su primera incursión en el mundo editorial, pese a que hace años viene preparando otro libro: LA HEPTADIMENSIONALIDAD DEL SER – FILOSOFÍA APLICADA A LA INGENIERÍA SOCIAL, la emergencia de la situación social y política de Chile lo llevó a dejar en pausa este otro proyecto editorial para trabajar

intensivamente durante dos meses en esta propuesta constitucional que usted tiene en manos.

El editor.

CARTA AL LECTOR

Estimado lector(a),

No tengo ninguna pretensión de que esta obra se torne en su totalidad la Carta Magna a ser aprobada en el proceso constituyente que se viene, tampoco que se torne una unanimidad popular. La experiencia de vida de una sola persona, independiente de lo cuan capacitada o instruida ella sea, siempre será insuficiente para dimensionar todos los aspectos de la vida social y política de un país y para conciliar todas las aspiraciones de un pueblo tan diverso y diverso en tantos diversos aspectos (la redundancia es proposital para que vean lo diverso que somos).

Seguramente, encontrarás en esta obra cosas con las cuales estás de acuerdo y cosas con las cuales no estás de acuerdo, encontrarás en esta obra cosas que faltan y cosas que sobran. Seguramente, los expertos en derecho constitucional apuntarán en esta obra inúmeras fallas y hasta mismo contradicciones. Y digo "seguramente", primero, porque nadie es unanimidad y, segundo, porque no soy un experto en leyes. Me atreví a escribir esta obra mucho más confiado en mi sentido de justicia y en los sentimientos populares que logré observar y absorber en las calles que en mi conocimiento académico acumulado en las dos carreras universitarias (filosofía y economía) que no terminé por la decisión de dedicarme a ser un artista de la música y, también, en la investigación autónoma en Ingeniería Social que llevo a cabo, permanentemente, por mero gusto por el conocimiento y para compensar la frustración de mi sueño académico de tener un doctorado. Para una obra que fue escrita por alguien que parte desde estas condiciones, humildemente pero honestamente, creo que te puedes sorprender. La intención aquí no es imponer una verdad, sino que aportar a la reflexión y al debate público acerca de cómo debería ser la nueva constitución desde una perspectiva federal, plurinacional y parlamentarista.

Por favor, no me mal interpretes, no quiero atribuirme a mí lo que es tarea intelectual de todo un pueblo, tampoco entrometerme en los asuntos internos de un país donde legalmente (y solo legalmente) aun soy huésped pese a que en mi corazón ya me siento en mi propia casa hace mucho tiempo. Lo que me motiva en tan atrevido y riesgoso emprendimiento es justamente la gratitud que tengo a este solidario y acogedor pueblo por todo lo que me ha entregado en estos casi 10 años viviendo en este hermoso país entre cordillera y mar y, también, dejar como legado para mi amado hijo, nacido en Chile, un ambiente social donde él pueda desarrollar todas sus potencialidades positivas necesarias para la búsqueda de su autorrealización existencial y su felicidad.

Esto es por cada aplauso, coro de "gaviota" y moneda que recibí, esto es por aquél niño que me aplaudió desde el regazo de su madre, esto es por aquella señora que me regaló una caja entera de alfajores, esto es por aquella joven que alzó la voz cuando fui víctima de discriminación, esto es por aquél joven que me regaló una polera nueva de Chile, esto es por los dulces, flores, frutas y galletas que me regalaron en la ausencia de monedas, esto es por todas estas cosas (y muchas otras más que no mencioné) que me pasaron cuando tocaba en las micros. Esto es por la generosidad de quién me dio un plato de comida y un techo cuando no tenía que comer ni donde dormir, y gracias a esta generosidad nunca, pero nunca, me faltó ni uno ni otro. Esto es por cada mano amiga extendida en los momentos de dificultad y oscuridad en este largo camino recurrido en este país. Esto es por esta gente, ¡mi gente! Y no habrá papel en el mundo que me diga que esta no es mi gente, que este no es mi pueblo. Al final, esta obra es solo un intento más de retribuir algo de la eterna deuda que tendré con Chile.

Antes de ir a lo que venimos, quiero dejar mi especial agradecimiento a todas y a todos los que aportaron en algo a este proyecto y, en especial, a mi compañera Joceline Espinoza por su apoyo incondicional en esta y en otras locuras.

Esta edición de LA CONSTITUCIÓN DE LA DIGNIDAD lleva como subtítulo PRIMER BORRADOR porque eso es lo que es: un primer borrador. Espero publicar antes de las elecciones constituyentes una nueva edición con una propuesta más avanzada que incorpore las ideas presentadas por lectores. Para colaborar con este proyecto envíame un email (thiagolyra@mail.com) con una redacción alternativa al artículo (o a los artículos) al que tienes observación. También puedes redactar nuevos artículos o proponer la retirada de alguno existente en esta propuesta.

¡Gracias por tanto y espero que la iniciativa de esta obra sea de aporte al futuro luminoso que Chile merece!

El autor.

PREAMBULO

(SUGERENCIA)

El pueblo de Chile, eterno detentor de la soberanía nacional y razón última de la existencia del Estado que le representa, en el pleno ejercicio de esta soberanía, a través de sus representantes democráticamente electos para la noble misión de refundar el Estado chileno, a través del establecimiento de una nueva orden constitucional que oriente la construcción permanente de una nueva orden social y política que cumpla con sus legítimas aspiraciones de paz y prosperidad general en un ambiente de igualdad y justicia, decide solemnemente: fundar la Comunidad Federal Plurinacional de Chile que será regida por el imperio de la ley contenida en esta carta fundamental.

CONSTITUCIÓN POLÍTICA DE LA COMUNIDAD FEDERAL PLURINACIONAL DE CHILE: LA CONSTITUCIÓN DE LA DIGNIDAD

Art. 0 – El lugar otrora, conocido como Plaza Italia y Plaza Baquedano, será designado oficialmente por el nombre Plaza de la Dignidad, símbolo patrimonial máximo de la unidad, del poder y de la soberanía popular, memorial de la bravura y del martirio de todos aquellos que, valerosamente, arriesgaron y hasta perdieron sus vidas para que la dignidad se haga una costumbre en este país, recuerdo permanente que aquí es la tierra donde "o la tumba será de los libres o el asilo contra la opresión", que el miedo jamás contará la historia de este noble pueblo y que su lucha contra todo y cualquier tipo de opresión no cesará hasta que ya no haya ninguna, hasta que valga la pena vivir.

Capítulo 1: De la identidad del Estado

Del nombre del Estado

Art. 1 – La Comunidad Federal Plurinacional de Chile es un nuevo Estado, heredero histórico, territorial, multicultural y patrimonial de la antigua República de Chile.

Párrafo único – Todos los tratados internacionales firmados por la antigua República de Chile serán revisados por el Parlamento Federal, para confirmarlos o rechazarlos, teniendo en cuenta el interés plurinacional y la adecuación al nuevo orden constitucional vigente, no afectando su validez mientras dure su revisión. Una vez cumplida esta tarea, este párrafo será eliminado del texto de esta Constitución.

De los símbolos del Estado

Art. 2 – Son símbolos oficiales de la Comunidad Federal Plurinacional de Chile la bandera plurinacional o las banderas nacionales, el escudo de armas plurinacional y el himno plurinacional, elegidos en plebiscito convocado en los términos de la ley específica para tal finalidad a ser aprobada por 3/5 del Parlamento Federal.

Párrafo único – Mientras no se realice este plebiscito siguen valiendo los símbolos oficiales de la antigua República de Chile. Una vez cumplida esta tarea, este párrafo será eliminado del texto de esta Constitución.

De los principios fundamentales del Estado

Art. 3 – Son principios fundamentales de la Comunidad Federal Plurinacional de Chile:

1) La democracia;

2) El pluralismo político;

3) El carácter laico del Estado;

4) La soberanía plurinacional;

5) El federalismo como sistema de organización del Estado;

6) El parlamentarismo como sistema de administración del Estado;

7) La igualdad de las personas ante la ley sin distinción de cualquier naturaleza;

8) La inviolabilidad de los derechos fundamentales;

9) La autodeterminación de los pueblos;

10) La igualdad y la no-intervención entre los Estados;

11) La solución pacífica de los conflictos internos y externos a través del diálogo y de la diplomacia;

12) La neutralidad militar con relación a cualquier conflicto bélico externo;

13) El repudio a la violencia en cualquier escala y a la discriminación de cualquier naturaleza;

14) La concesión de asilo político.

Del objetivo fundamental del Estado

Art. 4 – El objetivo fundamental de la Comunidad Federal Plurinacional de Chile es garantizar un ambiente social de libertad, justicia y paz donde toda la ciudadanía, independiente de sus orígenes socioeconómicos o cualquier otra condición, tenga la igual oportunidad de desarrollar plenamente todas las potencialidades positivas necesarias para su autorrealización existencial y felicidad.

Párrafo único – La negligencia de los poderes constituidos del Estado con el cumplimiento de este objetivo fundamental, o con el restante de esta Constitución, entrega a la ciudadanía el derecho a la rebelión contra él.

De los deberes fundamentales del Estado

Art. 5 – En función de cumplir con su objetivo fundamental son deberes fundamentales de la Comunidad Federal Plurinacional de Chile a ser cumplidos bajo sus principios fundamentales:

1) Defender la soberanía plurinacional;

2) Garantizar la seguridad, la integridad y la inviolabilidad de su territorio;

3) Garantizar la seguridad, la integridad y la inviolabilidad de la vida, de la libertad y de la propiedad de sus ciudadanas, ciudadanos, extranjeros residentes o en tránsito;

4) Garantizar los derechos fundamentales de la ciudadanía y también, en la medida que corresponda el deber del Estado en los términos de la ley específica para tal finalidad a ser aprobada por 3/5 del Parlamento

Federal, de los extranjeros residentes o en tránsito;

5) Promover el progreso plurinacional del bienestar social, del conocimiento científico y tecnológico, de la prosperidad económica, de las culturas y de los mecanismos de participación ciudadana en las decisiones gubernamentales;

6) Defender el interés plurinacional ante otros Estados y organismos multilaterales;

7) Promover la cooperación internacional para solucionar los problemas de la humanidad y alcanzar la paz global;

8) Promover el desarrollo y la integración social, científica, económica, cultural y política, tanto plurinacional como latinoamericana.

De los criterios de ciudadanía

Art. 6 – Son ciudadanas y ciudadanos de la Comunidad Federal Plurinacional de Chile:

1) Quien nace en su territorio, excepto los que son hijos de extranjeros al servicio del gobierno de su país;

2) Quien nace en el extranjero que posea madre o padre con ciudadanía chilena;

3) Quien posea hija o hijo con ciudadanía chilena;

4) Quien es extranjero y obtenga la ciudadanía en los términos de la ley específica para tal finalidad a ser aprobada por 3/5 del Parlamento Federal.

Párrafo único – Quien sea residente extranjero, temporario o definitivo, durante el plazo de 1 año contado a partir de la promulgación de esta Constitución podrá obtener la ciudadanía chilena si así desear puesto que la Comunidad Federal Plurinacional de Chile es un nuevo Estado que nace en su presencia. Una vez cumplido este plazo este párrafo, será eliminado del texto de esta Constitución.

Capítulo 2: De los derechos fundamentales

Del derecho fundamental

Art. 7 – Todo ser humano tiene derecho a la vida, y vida con dignidad, luego tiene derecho a todo lo que sea necesario para su sobrevivencia, evolución y autorrealización existencial. Estos son los derechos fundamentales que el Estado de la Comunidad Federal Plurinacional de Chile debe asegurar para sus ciudadanas y ciudadanos.

Párrafo 1 – Por "vida" entiéndase: el intervalo de tiempo entre la concepción y la muerte.

Párrafo 2 – Por "dignidad" entiéndase: no solamente tener derechos, pero tener, efectivamente, el objeto de estos derechos.

Párrafo 3 – Nadie, excepto en caso de último recurso de autodefensa o defensa de terceros, tiene derecho a poner fin a la vida humana.

Párrafo 4 – Es aceptable que la persona termine con su propia vida, si es para terminar con irremediable sufrimiento físico causado por una enfermedad terminal y es aceptable que tenga auxilio, expresamente autorizado por ella cuando capacitada y, cuando no, por su familia, para tal finalidad.

Párrafo 5 – Todo ser humano tiene derecho a una muerte digna, sin dolor en la medida de lo posible y no-violenta.

Art. 8 – Lo que es derecho fundamental del pueblo es deber del Estado garantizarlo y, por lo tanto, no puede ser tratado, de ninguna manera, como mercancía por intereses privados.

Párrafo único – Toda vida humana en su integridad, toda libertad y toda propiedad son inviolables, salvo cuando estas atentan contra la vida humana en su integridad, la libertad y/o la propiedad ajena.

De los derechos fundamentales de sobrevivencia

Art. 9 – Son derechos fundamentales de sobrevivencia en los términos de la ley específica para tal finalidad a ser aprobada por 3/5 del Parlamento Federal:

1) El derecho al libre acceso a la luz solar;

2) El derecho al libre acceso al aire limpio;

3) El derecho al libre acceso a la seguridad hídrica;

4) El derecho al libre acceso a la seguridad alimentaria y nutricional;

5) El derecho al descanso y al sueño;

6) El derecho al libre acceso al vestuario;

7) El derecho al libre acceso a la asistencia médica;

8) El derecho al libre acceso a los medicamentos necesarios para su tratamiento médico;

9) El derecho al libre acceso a la vivienda con saneamiento básico, energía eléctrica, gas y medios de protección del frío y del calor;

10) El derecho al libre acceso al medio ambiente saludable;

11) El derecho al uso de la fuerza, siempre como último recurso, en respuesta proporcional a cualquier

amenaza y/o agresión violenta contra la vida, la libertad y/o la propiedad, propia o de terceros.

Párrafo 1 – Nadie podrá ser privado de luz solar, de aire limpio, de agua potable, de alimento, de sueño, de vestuario, de asistencia médica, de medicamentos, de alojamiento con saneamiento básico, energía eléctrica, gas y medios de protección del frío y del calor.

Párrafo 2 – El domicilio es asilo inviolable del individuo, no pudiendo entrar nadie en él sin el consentimiento de quien ahí viva, salvo en caso de flagrante delito o desastre, o para prestar auxilio en caso de emergencia, o, durante el día, para hacer cumplir determinación judicial.

De los derechos fundamentales de evolución

Art. 10 – Son derechos fundamentales de evolución: los derechos de familia y los derechos de comunidad.

De los derechos de familia

Art. 11 – Son derechos de familia en los términos de la ley específica para tal finalidad a ser aprobada por 3/5 del Parlamento Federal:

1) El derecho a ser parte de una familia;

2) El derecho a la libre constitución de familia;

3) El derecho a la libre desconstitución de familia;

4) El derecho a la libre planificación familiar;

5) El derecho a la maternidad y a la paternidad desde la concepción;

6) El derecho a estar con sus hijas y/o hijos hasta que completen la mayoridad o se emancipen y a transmitirle su cultura;

7) El derecho a la herencia.

Párrafo único – La sucesión de los bienes de extranjeros situados en la Comunidad Federal Plurinacional de Chile será regulada por la ley chilena, en beneficio del cónyuge o de las hijas e hijos chilenos siempre que no les sea más favorable la ley personal del "de cujus".

De los derechos de comunidad

Art. 12 – Son derechos de comunidad en los términos de la ley específica para tal finalidad a ser aprobada por 3/5 del Parlamento Federal:

1) El derecho a la libre circulación y a la libre permanencia en locales públicos en tiempos de paz;

2) El derecho al libre desplazamiento en el territorio federal y a entrar, permanecer y salir de él con sus bienes en tiempos de paz;

3) El derecho al libre acceso a los medios necesarios para el transporte;

4) El derecho a la reunión en espacios públicos sin necesidad de autorización, desde que sean pacíficas, sin armas y que no frustren ninguna otra reunión anteriormente convocada para el mismo local, exigiéndose solamente el aviso previo a la autoridad competente;

5) El derecho a la libre asociación para cualquier finalidad que sea lícita, prohibiéndose la de carácter paramilitar.

Párrafo 1 – La creación de asociaciones o de cooperativas no dependen de autorización, quedando prohibida la interferencia estatal en su funcionamiento.

Párrafo 2 – Las asociaciones sólo podrán ser compulsivamente disueltas o ser suspendidas en sus actividades por decisión judicial, exigiéndose, en el primer caso, sentencia firme.

Párrafo 3 – Nadie podrá ser obligado a asociarse o a permanecer asociado.

Párrafo 4 – Las asociaciones, cuando estén expresamente autorizadas, están legitimadas para representar a sus afiliados judicial o extrajudicialmente.

De los derechos fundamentales de autorrealización existencial

Art. 13 – Son derechos fundamentales de autorrealización existencial: los derechos de conciencia, los derechos comunicacionales, los derechos educacionales, los derechos económicos, los derechos culturales, los derechos políticos y los derechos procesales.

De los derechos de conciencia

Art. 14 – Son derechos de conciencia en los términos de la ley específica para tal finalidad a ser aprobada por 3/5 del Parlamento Federal:

1) El derecho a la libertad de conciencia, convicción filosófica o política y creencia religiosa;

2) El derecho al libre ejercicio de los cultos religiosos;

3) El derecho a la protección de los locales de culto y sus liturgias;

4) El derecho a la prestación de asistencia religiosa en las entidades civiles y militares de internamiento colectivo.

Párrafo único – Nadie será privado de derechos por motivo de conciencia, convicción filosófica o política o creencia religiosa, salvo si las invocara para eximirse de obligación legal impuesta de forma general y rehusarse a cumplir la prestación alternativa fijada por ley.

De los derechos comunicacionales

Art. 15 – Son derechos comunicacionales en los términos de la ley específica para tal finalidad a ser aprobada por 3/5 del Parlamento Federal:

1) El derecho a la libre manifestación y expresión del pensamiento, prohibiéndose el anonimato;

2) El derecho a libre manifestación y expresión de la actividad filosófica, religiosa, social, comunicacional, académica, profesional, artística y política, sin necesidad de censura o licencia, desde que no transgreda lo establecido en esta Constitución;

3) El derecho de respuesta, proporcional a la ofensa, además de indemnización por daño material, moral o a la imagen;

4) El derecho al libre acceso a los medios necesarios para la comunicación privada o pública y, por consecuencia, a la propiedad sobre lo que a partir de ellos sea producido;

5) El derecho a la inviolabilidad del secreto de las comunicaciones privadas y de los datos individuales, salvo, en último caso, por determinación judicial, en las hipótesis y en los términos que la ley establezca para fines de investigación criminal o instrucción penal;

6) El derecho al libre acceso a la información, salvaguardado el secreto de las fuentes cuando sea necesario para el ejercicio profesional;

7) El derecho a recibir de los órganos públicos informaciones de su interés particular, o de interés colectivo o general, que serán facilitados en el plazo señalado en la ley, bajo pena de responsabilidad, salvo aquellas cuyo secreto sea imprescindible para la seguridad de la sociedad y del Estado.

Párrafo único – Son inviolables la intimidad, la vida privada, el honor y la imagen de las personas, asegurándose el derecho a la indemnización por el daño material, moral o de la imagen derivado de su violación.

De los derechos educacionales

Art. 16 – Son derechos educacionales en los términos de la ley específica para tal finalidad a ser aprobada por 3/5 del Parlamento Federal:

1) El derecho a la libertad de aprendizaje;

2) El derecho a la libertad de investigación;

3) El derecho a la libertad de enseñanza;

4) El derecho a la libertad de fundar establecimiento privado de educación libre;

5) El derecho al libre acceso a los medios necesarios para la producción de conocimiento y, por

consecuencia, a la propiedad sobre lo que a partir de ellos sea producido;

6) El derecho a la matrícula en establecimiento público de educación que desee, desde que haya cupos disponibles y la preferencia de rematrícula en establecimiento público de educación en que estaba matriculado en el período anterior;

7) El derecho al libre acceso a la educación básica y media en período integral cuyo contenido es establecido de acuerdo con el programa educacional fundamental descrito en el artículo 17 de esta Constitución;

8) El derecho al libre acceso a la educación superior atendida la conclusión de los ejes programáticos exigidos por la disciplina a la cual se inscribe;

9) El derecho a la participación en la gestión del establecimiento público de educación en el cual es apoderado, estudiante o docente a través del voto para su directiva y a través del voto para su respectiva entidad representativa con derecho a voz y voto en el consejo gestor.

Art. 17 – El programa educacional fundamental se organiza en los siguientes ejes programáticos, que serán divididos, cada uno, en 16 períodos de cinco meses para la educación básica y 8 períodos de cinco meses para la educación media:

1) Eje Metafísico (4 horas semanales): Teoría General de Sistemas, Psicología, Antropología, Sociología, Cosmología y Teología.

2) Eje Ético (4 horas semanales): Moral Individual, Normas Sociales, Moral Colectiva, Normas Jurídicas y Normas Penales.

3) Eje Lenguaje (6 horas semanales): Lógica, Semántica, Gramática, Retórica, Oratoria e Historia del Lenguaje.

4) Eje Epistemológico (12 horas semanales): Matemática (Aritmética, Algebra y Geometría), Física, Química, Biología, Ciencias Espaciales (Geografía y Astronomía) e Historia de las Ciencias.

5) Eje Economía (4 horas semanales): Ingeniería de Recursos Naturales, Ingeniería de Producción, Ingeniería de Distribución, Ingeniería de Mercado e Ingeniería de Consumo e Historia del Pensamiento Económico.

6) Eje Estético (4 horas semanales): Artes Literarias, Artes Gráficas, Artes Sonoras, Artes Audiovisuales, Artes Performáticas e Historia de las Artes.

7) Eje Político (4 horas semanales): Derechos Humanos, Organización Social, Relaciones Institucionales, Relaciones Públicas, Ciencias Militares e Historia Política-Militar.

8) Práctica Deportiva (2 horas semanales).

Párrafo 1 – Está habilitada o habilitado para postular a disciplina universitaria quien haya concluido los ejes exigidos como condición para acceder a ella.

Párrafo 2 – Solamente los establecimientos públicos de educación básica y media están habilitados a emitir certificados de conclusión de ejes válidos para admisión en las disciplinas universitarias.

Párrafo 3 – Está asegurada la libertad de los establecimientos públicos de educación básica y media agregaren a su programa la enseñanza de disciplinas adicionales, desde que no reduzcan la carga horaria del programa educacional fundamental.

Párrafo 4 – El contenido específico del programa educacional fundamental será regulado por ley específica para tal finalidad a ser aprobada por mayoría simple (50%+1) del Parlamento Federal.

Párrafo 5 – Está asegurada la enseñanza en horario nocturno para la educación básica y media de jóvenes y adultos trabajadores con régimen de carga horaria diferenciado, sin perjuicio del contenido del programa educacional fundamental, regulado por ley específica para tal finalidad a ser aprobada por mayoría simple (50%+1) del Parlamento Federal.

Art. 18 – Son derechos de las estudiantes y de los estudiantes, además de otros que tiendan a la mejora de su condición, en los términos de la ley específica para tal finalidad a ser aprobada por 3/5 del Parlamento Federal:

1) El derecho a no ser reprobado por inasistencia;

2) El derecho al progreso en los ejes que apruebe y la retención, solamente, en los ejes que repruebe;

3) El derecho a recibir alimentación y materiales didácticos de forma gratuita en el establecimiento de educación en el que está matriculado;

4) El derecho a recibir el certificado de conclusión de cada período, de cada eje, de cada disciplina universitaria y de carrera universitaria cuando cumpla con las exigencias de sus respectivos exámenes aplicados por establecimiento de educación pública en el que está matriculado;

5) El derecho a no ser separado por género;

6) El derecho a no ser obligado a usar uniforme, salvo cuando la estudiante o el estudiante esté en actividad de campo que lo requiera;

7) El derecho a no ser obligado a cambiar ningún aspecto de su apariencia física para matricularse o estudiar en el establecimiento de educación donde está matriculado;

8) El derecho a poder organizarse a través de su respectiva entidad representativa de forma libre y autónoma sin la necesidad de permisión de la directiva del establecimiento de educación donde está matriculado.

Art. 19 – En la Comunidad Federal Plurinacional de Chile solo existirá una universidad: la Universidad de Chile, heredera de todos los establecimientos de educación superior de la antigua República de Chile.

Párrafo 1 – La Universidad de Chile poseerá una unidad administrativa en cada Ciudad-Estado y en el Distrito Federal.

Párrafo 2 – La Universidad de Chile poseerá, o no, una unidad administrativa en cada Territorio Autónomo considerando las particularidades, las necesidades y la voluntad de cada uno de ellos.

Párrafo 3 – La Universidad de Chile tendrá su sede central en el Distrito Federal de Santiago de Chile.

Párrafo 4 – La conclusión de las carreras universitarias se dará con el cumplimiento de su programa de disciplinas, pero las disciplinas serán ofrecidas de forma independiente desvinculadas de las carreras, teniendo como exigencia de admisión solamente la conclusión de los ejes programáticos exigidos como contenido base y la conclusión de otras disciplinas universitarias que sean condiciones necesarias a su comprensión.

Párrafo 5 – Los establecimientos públicos y privados de educación superior serán pasados, progresivamente, al control de la Universidad de Chile según ley específica a ser aprobada por el Parlamento Federal. Una vez cumplida esta tarea este párrafo será eliminado del texto de esta Constitución.

Párrafo 6 – La transición del antiguo sistema educacional para el nuevo sistema educacional será realizada en los términos de la ley específica para tal finalidad a ser aprobada por 3/5 del Parlamento Federal. Una vez cumplida esta tarea este párrafo será eliminado del texto de esta Constitución.

De los derechos económicos

Art. 20 – Son derechos económicos en los términos de la ley específica para tal finalidad a ser aprobada por 3/5 del Parlamento Federal:

1) El derecho a la propiedad privada desde que atienda a su función social;

2) El derecho a la propiedad pública, en la ausencia de la privada, cuando esta es un medio necesario para el ejercicio de un derecho fundamental;

3) El derecho a la propiedad, privada o pública, sobre semillas no-modificadas y tierra cultivable;

4) El derecho a la libertad de consumo;

5) El derecho a la libertad de producción;

6) El derecho a la libertad de intercambio;

7) El derecho a la libertad de ejercicio de oficio o profesión, desde que cumpliendo las calificaciones profesionales exigidas por la ley;

8) El derecho a la libre elección entre trabajar empleado por contrato, trabajar de forma independiente (de forma individual o asociado en cooperativa), o trabajar emprendiendo (de forma individual o en asociado en sociedad empresarial);

9) El derecho al libre acceso a los medios necesarios para la producción de

bienes y servicios y, por consecuencia, a la propiedad sobre lo que, a partir de ellos, sea producido.

Párrafo 1 – El Estado promoverá, en los términos de la ley, la defensa del consumidor.

Párrafo 2 – El Estado combatirá, en los términos de la ley, la obsolescencia programada.

Párrafo 3 – El Estado creará mecanismos de incentivo y apoyo a los emprendimientos individuales, a los emprendimientos familiares y, principalmente, a los emprendimientos cooperativos.

Párrafo 4 – La ley establecerá el procedimiento para la expropiación por causa de necesidad o utilidad pública, o por interés social, mediante justa y previa indemnización en dinero según el valor comercial evaluado por la autoridad competente según la ley específica para tal finalidad a ser aprobada por 3/5 del Parlamento Federal, salvo los casos previstos en esta Constitución.

Párrafo 5 – En caso de inminente peligro público, la autoridad competente podrá usar la propiedad privada asegurándose al propietario indemnización posterior, caso haya daño a ella.

Párrafo 6 – La vivienda, donde reside el propietario, y las cosas en su interior, que permiten su adecuado funcionamiento, según ley específica a ser aprobada por 3/5 del Parlamento Federal, no serán objetos de embargo por el pago de deudas, excepto aquellas que sean fruto de la deuda.

Párrafo 7 – Los bienes inembargables serán definidos según ley específica a ser aprobada por 3/5 del Parlamento Federal.

Párrafo 8 – La pequeña propiedad rural y las herramientas de trabajo en su interior, así definida en la ley, siempre que sea trabajada por la familia, no será objeto de embargo por el pago de deudas derivadas de su actividad productiva, debiendo los medios para el financiamiento de su desarrollo ser regulados en los términos de la ley.

Art. 21 – Son derechos de las trabajadoras y de los trabajadores, además de otros que tiendan a la mejora de su condición, en los términos de la ley específica para tal finalidad a ser aprobada por 3/5 del Parlamento Federal:

1) El contrato de trabajo protegido contra el despido arbitrario o sin justa causa, en los términos de la ley que establecerá indemnización compensatoria, entre otros derechos;

2) El seguro de desempleo, en caso de desempleo involuntario;

3) El fondo de garantía del tiempo de servicio;

4) El sueldo mínimo, fijado en ley e igual para todas las trabajadoras y todos los trabajadores, y este debe ser suficiente para garantizar su acceso y el de su familia a los derechos fundamentales mencionados en esta Constitución, con reajustes periódicos que preserven el poder adquisitivo, quedando prohibida su afectación para cualquier fin;

5) El sueldo base proporcional a la extensión y a la complejidad del trabajo;

6) Irreductibilidad del sueldo, salvo lo dispuesto en convenio o acuerdo colectivo entre contratados y contratante;

7) La garantía de un sueldo, nunca abajo del sueldo mínimo, para los que reciben sueldo variable;

8) Recibir, integralmente, su sueldo a cada 28 días contados a partir de su primer día de trabajo, pudiendo recibirlo también fraccionado de forma diaria, semanal o bisemanal, siempre y cuando la fracción corresponda al valor exacto de lo que fue trabajado y según acuerdo entre contratado y contratante;

9) La remuneración del trabajo nocturno superior a la del diurno;

10) La protección del sueldo en los términos de la ley, constituyendo delito su retención dolosa;

11) La participación en los beneficios, o resultados, desvinculada de la remuneración, y excepcionalmente, participación en la gestión de la empresa, en los términos de la ley;

12) El bono-familia pago según dependientes de la trabajadora o el trabajador de bajos ingresos en los términos de la ley;

13) La duración del trabajo normal no superior a 8 horas diarias y a 40 horas semanales, facultándose la

compensación de horarios y la reducción de jornada, mediante lo dispuesto en convenio o acuerdo colectivo entre contratados y contratante;

14) La jornada de 6 horas para el trabajo realizado en turnos ininterrumptos de alternancia, salvo lo dispuesto en convenio o acuerdo colectivo entre contratados y contratante;

15) El máximo de 5 días de trabajo consecutivo, preferentemente de lunes a viernes;

16) El mínimo de 2 días consecutivos de descanso semanal remunerado, preferentemente en los sábados y domingos;

17) La remuneración de horas extraordinarias superior, como mínimo, en un 50% a las normales;

18) El disfrute de vacaciones anuales remuneradas con duración de 56 días, por lo menos con un 1/3 más, que el sueldo normal, las vacaciones pueden ser fraccionadas, en dos vacaciones anuales de 28 días o en cuatro vacaciones anuales de 14 días según acuerdo entre contratado y contratante, no obstante, lo anterior cualquier acuerdo debe respetar al menos dos períodos de 14 días continuos;

19) La licencia de embarazo para las madres y la licencia de acompañamiento de

embarazo para los padres, sin perjuicio del empleo y del sueldo, con una duración de 120 días;

20) La licencia de maternidad y la licencia de paternidad, sin perjuicio del empleo y del sueldo, con una duración de 120 días;

21) La indemnización sustitutiva del aviso previo de despido proporcional al tiempo de servicio, siendo como mínimo de 28 días, en los términos de la ley;

22) La reducción de riesgos inherentes al trabajo, por medio de normas de salud, higiene y seguridad;

23) La remuneración adicional para las actividades de mayor fuerza física,

insalubres o peligrosas, en los términos de la ley;

24) La jubilación automática a partir de los 60 años de edad, 30 años de servicio o incapacidad permanente para el trabajo, no inferior al sueldo mínimo, pagada por el Fondo de Pensión Federal;

25) La asistencia gratuita a las hijas, a los hijos y personas dependientes desde el nacimiento hasta los 6 años de edad en guardería y centros preescolares;

26) El reconocimiento de los convenios y acuerdos colectivos entre contratados y contratante;

27) La protección frente a la automatización, en los términos de la ley;

28) El seguro contra accidentes de trabajo, a cargo del empleador, sin excluir la indemnización a que este está obligado, cuando incurriese en dolo o culpa;

29) La prohibición de diferencias en los sueldos, de ejercicio de funciones y de criterios de admisión por motivos de sexo, edad, etnia o estado civil;

30) La prohibición de cualquier discriminación, en lo referente al sueldo y a criterios de admisión, del trabajador portador de deficiencias;

31) La prohibición de distinción entre trabajo manual, técnico e intelectual, o entre los profesionales respectivos;

32) La prohibición del trabajo nocturno, peligroso o insalubre a los menores de 18 años y de cualquier trabajo a los menores de 14 años, salvo en condición de aprendiz o en función de espectáculos artísticos;

33) La igualdad de derechos entre la trabajadora o el trabajador con vínculo laboral permanente y la trabajadora o el trabajador eventual.

Párrafo único – En caso de confrontación de derechos, la preferencia siempre será dada a la trabajadora o al trabajador. *(in dubio pro operario)*

Art. 22 – Es libre la asociación profesional o sindical, observándose lo siguiente:

1) La ley no podrá exigir autorización del Estado para

la fundación de un sindi-
cato, salvo el registro en el
órgano competente, prohi-
biéndose al poder público
la intervención en la organización sindical;

2) Está prohibida la creación
de más de una organiza-
ción sindical, en cualquier
grado, representativa de
una categoría profesional o
económica, en la misma
base territorial, no pu-
diendo esta ser inferior al
área de una unidad de la fe-
deración;

3) Compete al sindicato la defensa de los derechos e intereses colectivos o individuales de la categoría, incluso en cuestiones jurídicas o administrativas;

4) La Asamblea General fijará la contribución que, tratándose de categoría profesional, será descontada del sueldo, para el sostenimiento del sistema confederativo de la representación sindical respectiva, independientemente de la contribución prevista en la ley;

5) Nadie estará obligado a afiliarse o a mantenerse afiliado a un sindicato;

6) Es obligatoria la participación de los sindicatos en las negociaciones colectivas de trabajo;

7) La jubilada y el jubilado afiliado tendrá derecho a votar y a ser votado en las organizaciones sindicales;

8) Está prohibido el despido del empleado afiliado desde el registro de la candidatura a cargo de dirección o representación sindical y, si fuera elegido, aunque fuese de suplente; hasta un año después de la finalización del mandato, salvo que cometiese una falta grave en los términos de la ley.

Parágrafo único – Las disposiciones de este artículo se aplican a la organización de sindicatos rurales y de colonias de pescadores respetando las condiciones que la ley establezca.

Art. 23 – Se garantiza el derecho de huelga, correspondiendo a las trabajadoras y a los trabajadores decidir sobre la oportunidad de su ejercicio y sobre los intereses que deban defenderse por medio de él:

1) La ley definirá los servicios o actividades

esenciales y regulará la satisfacción de las necesidades inaplazables de la comunidad;

2) Los abusos cometidos someten a los responsables a las penas de la ley.

Art. 24 – Está asegurada la participación de las trabajadoras y los trabajadores y las empleadoras y los empleadores en las asambleas de los órganos públicos en que sus intereses profesionales o de seguridad social sean objeto de discusión y deliberación.

Art. 25 – En las empresas de más de doscientos empleados está asegurada la elección de un representante de éstos con la finalidad exclusiva de promover el entendimiento directo con las empleadoras o los empleadores.

De los derechos culturales

Art. 26 – Son derechos culturales en los términos de la ley específica para tal finalidad a ser aprobada por 3/5 del Parlamento Federal:

1) El derecho a la libre construcción de la identidad, como individuo y como comunidad, y a la libre búsqueda de la autorrealización existencial y felicidad;

2) El derecho a ser considerado como igual en humanidad y a ser respetado como tal por sus semejantes y por la ley, independiente de cualquier condición;

3) El derecho a la libre apreciación artística;

4) El derecho a la libre creación artística;

5) El derecho a la libre exposición artística;

6) El derecho a la propiedad intelectual;

7) El derecho a la voz y a la imagen;

8) El derecho al patrimonio cultural material e inmaterial;

9) El derecho al entretenimiento;

10) El derecho al libre acceso a los medios necesario para la producción artística y, por consecuencia, a la propiedad sobre lo que, a partir de ellos, sea producido.

Párrafo 1 – Pertenece a los autores el derecho exclusivo de utilización, publicación o reproducción de sus obras, siendo transmisible a los herederos por el tiempo que la ley determine.

Párrafo 2 – La ley asegurará a los autores de inventos industriales el privilegio temporal para su utilización, así como la protección de las creaciones industriales, de la propiedad de marcas, de los nombres de empresas y de otros signos distintivos, teniendo en cuenta el interés social y el desarrollo económico de la Comunidad Federal Plurinacional de Chile.

De los derechos políticos

Art. 27 – Son derechos políticos en los términos de la ley específica para tal finalidad a ser aprobada por 3/5 del Parlamento Federal:

1) El derecho de convocar y participar de las asambleas territoriales o temáticas autoconvocadas;

2) El derecho de votar en plebiscitos;

3) El derecho de votar y ser votado para los cargos electivos de la Comunidad Federal Plurinacional de Chile para los cuales

cumpla con lo exigido por esta Constitución;

4) El derecho de presentar ante el Servicio Electoral solicitud de anulación de acción parlamentaria, solicitud de votos de desconfianza hacia el Parlamento Federal o hacia el Parlamento Local que le represente y solicitud de activación del mecanismo constituyente;

5) El derecho de fundar o participar de partidos, movimientos o cualquier otro tipo de organización político-ideológica y de ella retirarse cuando estime conveniente;

6) El derecho a la propiedad sobre los medios necesarios para el pleno ejercicio

de la soberanía individual en su cuota de participación en la soberanía colectiva que le corresponda.

Párrafo 1 – Las ciudadanas chilenas y los ciudadanos chilenos a servicio de las Fuerzas Armadas y de las Fuerzas de Seguridad de la Comunidad Federal Plurinacional de Chile tienen sus derechos políticos suspendidos mientras dure su servicio.

Párrafo 2 – Las ciudadanas chilenas y los ciudadanos chilenos que estén cumpliendo pena de privación o restricción de libertad tienen sus derechos políticos suspendidos mientras dure su condena.

Párrafo 3 – Las ciudadanas chilenas y los ciudadanos chilenos en interdicción por caso de demencia tienen sus derechos políticos suspendidos mientras dure su interdicción.

Párrafo 4 – Los derechos políticos pueden ser suspendidos, de forma temporaria o permanente, por determinación de la Corte Federal como pena por crímenes de responsabilidad política o de lesa humanidad según ley específica para tal finalidad a ser aprobada por 3/5 del Parlamento Federal.

Art. 28 – Son condiciones de elegibilidad para los cargos electivos de la Comunidad Federal Plurinacional de Chile:

1) La ciudadanía chilena;

2) El pleno ejercicio de los derechos políticos;

3) Domicilio, con por lo menos 2 años, en el territorio que pretende representar o administrar;

4) No pertenecer a la directiva de ninguna asociación gremial o sindicato en el

momento de inscribir su candidatura;

5) La edad mínima para el ejercicio del cargo: 18 años para el Poder Legislativo Local, 25 años para el Poder Ejecutivo Local, 21 años para el Poder Legislativo Federal y 30 años para el Poder Ejecutivo Federal.

Art. 29 – Todas las candidaturas a los cargos electivos de la Comunidad Federal Plurinacional de Chile serán inscritas de forma personal y directa en el Servicio Electoral sin el intermedio de ninguna otra organización y sin la necesidad de firmas de apoyo.

Párrafo 1 – El financiamiento de las campañas electorales será, exclusivamente, público con el fin de garantizar la igualdad de condiciones entre las candidaturas y será regulado por ley específica a ser aprobada por 3/5 del Parlamento Federal para tal finalidad.

Párrafo 2 – Las candidaturas de militantes de partidos políticos deben ser identificadas como candidaturas de estos partidos políticos, siendo prohibida la doble afiliación.

Párrafo 3 – Las candidaturas que incumplan la ley electoral podrán ser impugnadas por el Servicio Electoral, aunque finalizada las elecciones y electas.

De los derechos procesales

Art 30 – Nadie está obligado a hacer o dejar de hacer alguna cosa sino en virtud de la ley y la ley será aplicada por igual a todas las personas en los términos de esta Constitución.

Art. 31 – Quedan garantizados a todas y a todos, sin necesidad del pago de tasas:

1) El derecho de petición ante los Poderes Públicos en defensa de derechos, contra la ilegalidad o el abuso de poder;

2) La obtención de certificaciones en oficinas públicas para la defensa de derechos y el esclarecimiento de situaciones de interés personal.

Art. 32 – La ley no excluirá de la apreciación del Poder Judiciario la lesión o la amenaza de derechos.

Art. 33 – La ley no perjudicará los derechos adquiridos, los actos jurídicos perfectos ni la cosa juzgada.

Art. 34 – No habrá juicios ni tribunales de excepción.

Art. 35 – Se reconoce la institución del jurado, con la organización que la ley le dé, asegurándose:

1) La plenitud de la defensa;

2) El secreto de las votaciones;

3) La superioridad de los ve-
redictos;

4) La competencia para el en-
juiciamiento de los delitos
dolosos contra la vida.

Art. 36 – No hay delito sin ley anterior que lo defina, ni pena sin previa conminación legal.

Art. 37 – La ley penal no será retroactiva salvo para beneficiar al reo.

Art. 38 – La ley castigará cualquier discriminación atentatoria contra los derechos fundamentales.

Art. 39 – La práctica de todo y cualquier tipo de discriminación constituye delito no susceptible de fianza e imprescriptible, sujeto a penas de reclusión en los términos de la ley específica para tal finalidad a ser aprobada por 3/5 del Parlamento Federal.

Art. 40 – La ley considerará delitos no afianzables y no susceptibles de indulto o amnistía la práctica de la tortura, el terrorismo y los definidos como delitos repugnantes, respondiendo de ellos los incitadores, los ejecutores y los que pudiendo evitarlos se abstuvieron.

Art. 41 – Constituyen delito no afianzable las acciones de grupos armados, civiles o militares, contra el orden institucional y el Estado Democrático.

Art. 42 – Ninguna pena trascenderá de la persona del condenado, pudiendo extenderse a los sucesores y ser ejecutadas contra ellos la obligación de reparar el daño y la decisión de privación de bienes, en los términos de la ley, hasta el límite del valor del patrimonio transmitido a ellos.

Art. 43 – La ley regulará la individualización de la pena y adoptará, entre otras, las siguientes:

1) Privación o restricción de libertad;

2) Privación de bienes;

3) Multa;

4) Prestación social alternativa;

5) Suspensión o privación de derechos.

Párrafo 1 – La pena será cumplida en establecimientos distintos, de acuerdo con la naturaleza del delito, la edad y el sexo de la persona condenada a la pena de privación de libertad.

Párrafo 2 – Esta asegurado a las presas y a los presos el respeto a la integridad física y moral.

Párrafo 3 – Se garantizarán las condiciones para que las condenadas puedan permanecer con sus hijos durante el período mínimo de 1 año o más mientras dure la lactancia.

Párrafo 4 – La imputabilidad penal se da a partir de los 14 años.

Art. 44 – Nadie podrá ser sometido a:

1) Pena de muerte, salvo en caso de guerra declarada en los términos determinado por esta Constitución;

2) Pena de trabajos forzados;

3) Pena de destierro;

4) Pena de castigo físico;

5) Esclavitud;

6) Cárcel privada;

7) Abuso sexual;

8) Tortura;

9) Tratamiento cruel, inhumano o degradante.

Art. 45 – Ninguna ciudadana y ningún ciudadano será extraditado.

Art. 46 – No se concederá la extradición de extranjeros por delitos políticos o de opinión.

Art. 47 – Nadie será procesado ni condenado sino por autoridad competente.

Art. 48 – Nadie será privado de la libertad o de sus bienes sin el debido proceso legal.

Art. 49 – Se garantiza a los litigantes, en el procedimiento judicial o administrativo, y a los acusados en general, un proceso contradictorio y amplia defensa con los medios y recursos inherentes a la misma.

Párrafo 1 – Son inadmisibles, en el proceso las pruebas obtenidas por medios ilícitos.

Párrafo 2 – Nadie será considerado culpable hasta la firmeza de la sentencia penal condenatoria.

Art. 50 – El imputado civil no será sometido a imputación criminal, salvo en las hipótesis previstas en ley.

Art. 51 – Se admitirá la acción privada en los delitos de acción pública cuando esta no fuera ejercida en el plazo legal.

Art. 52 – La ley sólo podrá restringir la publicidad de los actos procesales cuando sea exigida en razón de intimidad de las partes, mejor resolver o interés social.

Art. 53 – Nadie será detenido sino en flagrante delito o por orden escrita y fundamentada de la autoridad judicial competente, salvo el de los casos de transgresión militar o delito propiamente militar, definidos en la ley.

Art. 54 – La detención de cualquier persona, y el lugar donde se encuentre, serán comunicados inmediatamente al juez competente y a la familia de la detenida o del detenido o a la persona indicada por ella o él.

Párrafo 1 – La detenida o el detenido será informado de sus derechos, entre ellos el de permanecer callado, asegurándosele la asistencia de la familia y de abogado.

Párrafo 2 – La detenida o el detenido tiene derecho a la identificación de los responsables de su detención o de su interrogatorio policial.

Párrafo 3 – La detención ilegal será inmediatamente levantada por la autoridad judicial.

Párrafo 4 – Nadie será llevado a prisión, ni mantenido en ella, cuando la ley admitiere la libertad provisional, con o sin fianza.

Párrafo 5 – No habrá prisión civil por deudas, salvo para los responsables por el incumplimiento voluntario e inexcusable de la obligación de alimentos y custodio infiel.

Art. 55 – Se concederá "habeas corpus" siempre que alguien sufriera o se creyera amenazado de sufrir violencia o coacción en su libertad de locomoción, por ilegalidad o abuso de poder.

Art. 56 – Se concederá "habeas data":

1) Para asegurar el conocimiento de informaciones relativas a la persona del impetrante que consten en registros o bancos de datos de entidades gubernamentales o de carácter público;

2) Para la rectificación de datos, cuando no se prefiera hacerlo por procedimiento secreto, judicial o administrativo.

Art. 57 – Se concederá mandato de seguridad para proteger un derecho determinado y cierto, no amparado por "habeas corpus" o "habeas data" cuando el responsable por la ilegalidad o abuso de poder sea una autoridad o un agente de persona jurídica en el ejercicio de atribuciones del poder del Estado.

Art. 58 – Son gratuitas las acciones de "habeas corpus" y "habeas data" y, en la forma de la ley, los actos necesarios al ejercicio de la ciudadanía.

1) Las normas definidoras de los derechos y garantías fundamentales son de aplicación inmediata;

2) Los derechos y garantías expresadas en esta Constitución no excluyen otros derivados del régimen y de los principios por ella adoptados, o de los tratados internacionales en que la Comunidad Federal Plurinacional de Chile sea parte.

Art. 59 – El mandato de seguridad colectivo puede ser solicitado por:

1) 1/5 del Parlamento Federal;

2) Una organización sindical, entidad representativa de clase o asociación legalmente constituida y en funcionamiento desde hace un año por lo menos, en defensa de los intereses de sus miembros o asociados.

Art. 60 – Se concederá a la Corte Federal la prerrogativa de solicitar deliberación, en carácter de emergencia, del Parlamento Federal siempre que, por falta de norma reguladora, se torne inviable el ejercicio de los derechos y libertades constitucionales y de las prerrogativas inherentes a la nacionalidad, a la soberanía y a la ciudadanía.

Art. 61 – Cualquier ciudadana o ciudadano es parte legítima para proponer la acción popular que pretenda anular un acto lesivo para el patrimonio público o de una entidad en que el Estado participe, para la moralidad administrativa, para el medio ambiente o para el patrimonio histórico y cultural, quedando el actor, salvo mala fe comprobada, exento de las costas judiciales y de los gastos de su incumbencia.

Art. 62 – El Estado prestará asistencia jurídica íntegra y gratuita a los que demuestren insuficiencia de recursos.

Art. 63 – El Estado indemnizará al condenado por error judicial, así como al que permanezca en prisión más allá del tiempo fijado en la sentencia.

Capítulo 3: De la organización del Estado

De la Unión

Art. 64 – La Comunidad Federal Plurinacional de Chile es formada por la unión indisoluble de las siguientes Ciudades-Estado, Territorios Autónomos y del Distrito Federal:

1) Distrito Federal de Santiago de Chile, la Capital Federal;

2) Territorio Autónomo Mapuche;

3) Territorio Autónomo Aymara;

4) Territorio Autónomo Atacameño;

5) Territorio Autónomo Quechua;

6) Territorio Autónomo Rapa Nui;

7) Territorio Autónomo Kolla;

8) Territorio Autónomo Kawésqar;

9) Territorio Autónomo Yagán;

10) Territorio Autónomo Diaguita;

11) Ciudad-Estado de Arica;

12) Ciudad-Estado de Parinacota;

13) Ciudad-Estado de Iquique;

14) Ciudad-Estado de Tamarugal;

15) Ciudad-Estado de Tocopilla;

16) Ciudad-Estado de El Loa;

17) Ciudad-Estado de Antofagasta;

18) Ciudad-Estado de Chañaral;

19) Ciudad-Estado de Copiapó;

20) Ciudad-Estado de Huasco;

21) Ciudad-Estado de Elqui;

22) Ciudad-Estado de Limarí;

23) Ciudad-Estado de Choapa;

24) Ciudad-Estado de Petorca;

25) Ciudad-Estado de Los Andes;

26) Ciudad-Estado de San Felipe de Aconcágua;

27) Ciudad-Estado de Quillota;

28) Ciudad-Estado de Valparaíso;

29) Ciudad-Estado de Marga Marga;

30) Ciudad-Estado de Chacabuco;

31) Ciudad-Estado de Cordillera;

32) Ciudad-Estado de Maipo;

33) Ciudad-Estado de Melipilla;

34) Ciudad-Estado de Talagante;

35) Ciudad-Estado de Cachapoal;

36) Ciudad-Estado de Colchagua;

37) Ciudad-Estado de Cardenal Caro;

38) Ciudad-Estado de Curicó;

39) Ciudad-Estado de Talca;

40) Ciudad-Estado de Linares;

41) Ciudad-Estado de Cauquenes;

42) Ciudad-Estado de Diguillín;

43) Ciudad-Estado de Itata;

44) Ciudad-Estado de Punilla;

45) Ciudad-Estado de Biobío;

46) Ciudad-Estado de Concepción;

47) Ciudad-Estado de Arauco;

48) Ciudad-Estado de Malleco;

49) Ciudad-Estado de Cautín;

50) Ciudad-Estado de Valdívia;

51) Ciudad-Estado de Ranco;

52) Ciudad-Estado de Osorno;

53) Ciudad-Estado de Llanquihue;

54) Ciudad-Estado de Chiloé;

55) Ciudad-Estado de Palena;

56) Ciudad-Estado de Coyhaique;

57) Ciudad-Estado de Aysén;

58) Ciudad-Estado de General Carrera;

59) Ciudad-Estado de Capitán Prat;

60) Ciudad-Estado de Última Esperanza;

61) Ciudad-Estado de Magallanes;

62) Ciudad-Estado de Tierra de Fuego;

63) Ciudad-Estado de la Antártica Chilena.

Párrafo 1 – El territorio de las Ciudades-Estado y del Distrito Federal de la Comunidad Federal

Plurinacional de Chile corresponde al territorio de las antiguas Provincias de la antigua República de Chile excluyendo los territorios asignados como Territorios Autónomos.

Párrafo 2 – Los temas identitarios Locales, como nombre, bandera, emancipación o fusión de unidades federativas serán definidos en plebiscitos locales convocados por la autoridad competente según ley específica para tal finalidad a ser aprobada por 3/5 del Parlamento Federal.

Art. 65 – La Comunidad Federal Plurinacional de Chile no intervendrá en las Ciudades-Estado, Territorios Autónomos y Distrito Federal excepto si es para mantener la integridad territorial, repeler una invasión extranjera o de una unidad federativa a otra, poner fin a grave alteración del orden público, garantizar el libre ejercicio de los Poderes del Estado en las unidades federativas, resolver incapacidad económica de la unidad federativa para saldar sus cuentas básicas y asegurar el cumplimiento de la Constitución.

Párrafo 1 – La intervención federal será iniciada a través de decreto del Primer Ministerio o solicitud de la Gobernadoría Local al Gobierno Federal especificando la amplitud, los plazos, las condiciones y la responsabilidad de la intervención y esta deberá ser aprobada por 3/5 del Parlamento Federal en un plazo de 24 horas, y si necesario, una sesión de emergencia será convocada para tal finalidad.

Párrafo 2 – Ya no estando las razones para la intervención federal, las autoridades apartadas de sus cargos volverán a ellos, salvo si hay algún impedimento legal.

Art. 66 – La separación de los bienes y competencias entre la Unión y las Unidades Federativas, omitidas en esta Constitución, será determinada en los términos de la ley específica para tal finalidad a ser aprobada por 3/5 del Parlamento Federal.

De las Ciudades-Estado

Art. 67 – Las Ciudades-Estado tendrán autonomía para redactar, a través de sus Parlamentos Locales, su propia Constitución considerando que en ella no puede haber ningún punto que contradiga a esta Constitución.

De los Territorios Autónomos

Art. 68 – Los Territorios Autónomos serán demarcados, considerando los territorios ocupados y reivindicados por los pueblos originarios de la Comunidad Federal Plurinacional de Chile con el objetivo de garantizar su autonomía cuanto a los aspectos sociales, educacionales, económicos, culturales y políticos de sus naciones.

Párrafo único – Los límites de estos territorios, su autonomía, la creación de nuevos, la fusión o la extinción de existentes y el reconocimiento del Estado de que alguien pertenezca a un pueblo originario serán regulados por ley específica para tal finalidad a ser aprobada por 3/5 del Parlamento Federal.

Del Distrito Federal

Art. 69 – El Distrito Federal es la capital Federal de la Comunidad Federal Plurinacional de Chile, sede de los Poderes del Estado en nivel Federal, de las embajadas y misiones diplomáticas extranjeras en el país.

Párrafo 1 – El Distrito Federal estará establecido de forma permanente en Santiago de Chile.

Párrafo 2 – El Distrito Federal se regirá por ley orgánica especial a ser aprobada por 3/5 del Parlamento Federal.

Párrafo 3 – El status de Distrito Federal puede ser transferido, exclusivamente, por motivo de calamidad o riesgo a la seguridad del Estado, y de forma temporaria, a cualquier otra Ciudad-Estado de la Unión por orden directa del Comandante en Jefe de las Fuerzas Armadas, con preferencia a la Ciudad-Estado de Concepción si esta es segura.

Capítulo 4: De la administración del Estado

De los niveles de la administración del Estado

Art. 70 – La administración del Estado se organizará en dos niveles: el nivel Federal y el nivel Local.

De los Poderes del Estado

Art. 71 – Son poderes del Estado, independientes y armónicos entre ellos:

1) El Poder Popular, fuente exclusiva de la soberanía del Estado y de sus Poderes constituidos en los términos de esta Constitución;

2) El Poder Legislativo, que tiene la potestad exclusiva de crear, modificar y extinguir las leyes;

3) El Poder Judiciario, que tiene la potestad exclusiva de interpretar las leyes y juzgar según la interpretación establecida de la ley;

4) El Poder Ejecutivo, que tiene la potestad exclusiva de ejecutar y hacer cumplir las leyes.

Párrafo 1 – Una ciudadana o un ciudadano no puede acumular funciones entre y dentro de los Poderes Legislativo, Judiciario y Ejecutivo, por lo tanto, asumir una nueva función implicará, necesariamente, renunciar la otra.

Párrafo 2 – Las competencias específicas de cada poder del Estado y sus representantes que estén omitidas en esta Constitución serán reguladas por ley específica para tal finalidad a ser aprobada por 3/5 del Parlamento Federal y, mientras no haya ley específica para tal finalidad, por determinación judicial de la Corte Federal.

Art. 72 – Las remuneraciones de los funcionarios de los poderes del Estado serán determinados de la siguiente forma:

1) El sueldo de ningún funcionario del Poder Legislativo Federal puede ser superior al sueldo piso federal de las profesoras y los profesores de enseñanza media;

2) El sueldo de ningún funcionario del Poder Judiciario Federal puede ser superior al sueldo piso federal de las profesoras y los profesores de enseñanza superior;

3) El sueldo de ningún funcionario del Poder Ejecutivo Federal puede ser superior al sueldo piso federal de una profesora o profesor de enseñanza superior;

4) El sueldo de ningún funcionario del Poder Legislativo Local puede ser superior al sueldo piso federal de las profesoras y los profesores de enseñanza básica;

5) El sueldo de ningún funcionario del Poder Judiciario Local puede ser superior al sueldo piso federal de las profesoras y los profesores de enseñanza media;

6) El sueldo de ningún funcionario del Poder Ejecutivo Local puede ser superior al sueldo piso federal de las profesoras y los profesores de enseñanza media.

Párrafo 1 – El sueldo piso federal de las profesoras y los profesores de enseñanza básica, media y superior serán regulados por ley específica para tal finalidad a ser aprobada por el Parlamento Federal.

Párrafo 2 – Ningún beneficio extra a su remuneración será dado a los funcionarios de los poderes del Estado.

Párrafo 3 – La alimentación, el alojamiento, el transporte, las comunicaciones, la oficina de trabajo y personal auxiliar esenciales para el cumplimiento de las funciones del Poder Legislativo, del Poder Judiciario y del Poder Ejecutivo serán aseguradas a través de los bienes de la Comunidad Federal Plurinacional de Chile en nivel federal, a través de los bienes de las Ciudades-Estado y Distrito Federal en nivel Local y en los Territorios Autónomos esta norma será aplicada considerando las particularidades de cada pueblo originario y con apoyo federal si es necesario.

Párrafo 4 – Está prohibido a los funcionarios de los poderes del Estado, también a sus parejas, hijos, hijas, nietos y nietas ser atendidos por el sistema de salud privado, salvo en caso de extrema urgencia, o por el sistema de educación privado, salvo para conocimientos fuera del programa educacional fundamental, bajo pena de pérdida del cargo.

Párrafo 5 – Está prohibida la indicación de familiares de hasta segundo grado de titulares de cargos electivos y Ministerios en las Cortes Locales y Federal para el ejercicio de cualquier cargo de confianza en los poderes del Estado bajo pena de pérdida del cargo.

Art. 73 – Los mandatos a todos los cargos electivos federales y locales duran 4 años.

Párrafo 1 – Las elecciones Federales y Locales serán realizadas en el primer domingo antes de los últimos 91 días del mandato vigente.

Párrafo 2 – La reelección para cualquier cargo electivo es ilimitada.

Art. 74 – El ejercicio de los mandatos del Poder Legislativo y Poder Ejecutivo terminan con la transmisión del cargo a las nuevas mandatadas y a los nuevos mandatados al cumplirse el mandato de 4 años y, en el caso de elecciones anticipadas, en el día siguiente a la confirmación de los resultados de sus respectivas elecciones por la Corte Federal.

Párrafo único – El resultado de las elecciones puede ser contestado según ley específica para tal finalidad a ser aprobada por 3/5 del Parlamento Federal.

Art. 75 – El Servicio Electoral, institución subordinada de forma directa a la Corte Federal, es responsable exclusivo por la organización de las elecciones federales y locales.

Art. 76 – El Estado garantizará a través de la Empresa Federal de Comunicación y de las Empresas Locales de Comunicación la existencia de los siguientes medios de comunicación públicos:

1) Página en Internet, radio y canal abierto de televisión del Parlamento Federal;

2) Página en Internet, radio y canal abierto de televisión de la Corte Federal;

3) Página en Internet, radio y canal abierto de televisión del Gabinete de Ministerios del Gobierno Federal;

4) Páginas en Internet, radios y canales abiertos de televisión de los Parlamentos Locales;

5) Páginas en Internet, radios y canales abiertos de televisión de las Cortes Locales;

6) Páginas en Internet, radios y canales abiertos de televisión de los Gabinetes de Secretarías de los Gobiernos Locales;

7) Página en Internet, radio y canal abierto de televisión en nivel Federal y en nivel Local, para promoción y difusión de las artes y de las culturas desarrolladas en la Comunidad Federal Plurinacional de Chile con un proceso de construcción de la programación abierto, democrático, inclusivo y transparente;

8) Páginas en Internet, radios y canales abiertos de televisión para promoción y difusión para cada eje temático descrito en el plan obligatorio de educación establecido por esta Constitución y que estos medios de comunicación, además, puedan servir como plataforma de apoyo para un proyecto Federal de educación básica y media no-presencial.

Párrafo 1 – Las sesiones del Parlamento Federal y sus Comisiones, de la Corte Federal, del Gabinete de Ministerios del Gobierno Federal, de los Parlamentos Locales y sus Comisiones, de las Cortes Locales y de los Gabinetes de Secretarías de los Gobiernos Locales deberán ser transmitidas en vivo y en directo por sus respectivos medios de comunicación.

Párrafo 2 – Cuando estos medios no estén transmitiendo las sesiones a que les compete transmitir, estos medios de comunicación deberán transmitir programación informativa, educativa y cultural, priorizando, en el caso de este último, la producción cultural del territorio de su jurisdicción en conformidad con ley específica para tal finalidad a ser aprobada por mayoría simple (50%+1) de su respectivo Parlamento además de asegurar una retransmisión en horario nocturno de la sesión del mismo día.

Del Poder Popular

Art. 77 – La soberanía de la Comunidad Federal Plurinacional de Chile reside en su pueblo, razón última de la existencia del Estado, que la ejerce democráticamente por medio de la libre organización social y política, por medio del voto en asambleas territoriales o temáticas

autoconvocadas, plebiscitos, elecciones periódicas o anticipadas, por medio de representantes electos según esta Constitución y por medio de los mecanismos de control popular
de los Poderes constituidos.

De las organizaciones populares

De las organizaciones socia-
les

Art. 78 – Son reconocidas
como organizaciones sociales para efectos jurídicos en los
términos de la ley específica para tal finalidad a ser aprobada
por 3/5 del Parlamento Federal:

1) Las organizaciones
filosóficas;

2) Las organizaciones
religiosas;

3) Las organizaciones
comunitarias;

4) Las organizaciones
filantrópicas;

5) Las organizaciones
estudiantiles;

6) Las organizaciones de apoderados;

7) Las organizaciones de docentes;

8) Las organizaciones de trabajadores;

9) Las organizaciones patronales;

10) Las organizaciones artístico-culturales;

11) Los movimientos de causas específicas.

Párrafo 1 – Las organizaciones sociales pueden adquirir personalidad jurídica y como tal, registrar sus marcas identitarias y definir libremente sus principios, estatutos y formas de organización.

Párrafo 2 – La ley no podrá exigir autorización del Estado para la fundación de una organización social, salvo el registro en el órgano competente, prohibiéndose al poder público la intervención en una organización social.

Párrafo 3 – Nadie estará obligado a afiliarse o a mantenerse afiliado a una organización social.

De las organizaciones políticas

Art. 79 – Los partidos, movimientos o cualquier otro tipo de organización político-ideológica pueden adquirir personalidad jurídica y, como tal, registrar sus marcas identitarias y definir libremente sus principios, estatutos, formas de organización y propuestas de gestión del Estado en los términos de la ley específica para tal finalidad a ser aprobada por 3/5 del Parlamento Federal.

Párrafo 1 – Los partidos, movimientos o cualquier

otro tipo de organización político-ideológica solo pueden recibir donaciones de personas naturales con ciudadanía chilena.

Párrafo 2 – Está prohibido conformar partidos, movimientos o cualquier otro tipo de organización político-ideológica que atenten contra la democracia, contra los derechos humanos y/o paramilitares.

De las asambleas territoriales y temáticas autoconvocadas

Art. 80 – Cualquier ciudadana o ciudadano, de forma individual o colectiva, puede convocar libremente una asamblea territorial o temática autoconvocada para debatir cualquier tema de interés público que esté previamente avisado en su pauta y deliberar mociones y acciones según las reglas definidas por la propia asamblea, exigiéndose solamente el aviso anticipado al Servicio Electoral para fines de reconocimiento y difusión.

Párrafo 1 – Una vez que el Servicio Electoral sea avisado sobre la realización de la asamblea territorial o temática autoconvocada, la información sobre su fecha, hora, local, pauta y organizadores debe ser difundida en su sitio web para conocimiento público dentro del plazo de 72 horas.

Párrafo 2 – Las asambleas territoriales o temáticas autoconvocadas deben realizarse después de un plazo mínimo de 14 días desde su convocatoria.

Párrafo 2 – El Estado no puede obstaculizar de ninguna manera la realización de una asamblea territorial o temática autoconvocada, por lo contrario, debe facilitar local para su realización en caso de que le sea solicitado y en caso de que tenga un espacio disponible.

Párrafo 3 – El Estado debe facilitar protección policial al local de la realización de la asamblea en caso de que le sea solicitado por quien la organice, prohibiéndose que ingrese en su interior, salvo si es para prestar auxilio en caso de emergencia o delito flagrante por solicitud de quien la organice.

Párrafo 4 – Quien asista a una asamblea territorial o temática autoconvocada tiene derecho a ser escuchado y el deber de escuchar.

Párrafo 5 – Las asambleas territoriales o temáticas autoconvocadas tiene el derecho de presentar mociones o cuestionamientos, por intermedio de un formulario propio para tal finalidad ofrecido por el Servicio Electoral, a cualquier parlamentaria o parlamentario del Poder Legislativo o a cualquier representante del Poder Ejecutivo, Local o Federal, que les represente y estas deben ser respondidas públicamente dentro del plazo establecido en los términos de la ley específica para tal finalidad a ser aprobada por 3/5 del Parlamento Federal.

Del voto

Art. 81 – El voto en plebiscitos y elecciones periódicas o anticipadas es universal, voluntario, directo, secreto y con valor igual para todas las ciudadanas chilenas y todos los ciudadanos chilenos.

Párrafo único – Están inscriptos automáticamente y aptos a votar en asambleas territoriales o temáticas autoconvocadas, plebiscitos, elecciones periódicas o anticipadas todas las ciudadanas chilenas y todos los ciudadanos chilenos mayores de 16 años en pleno ejercicio de sus derechos políticos.

De los mecanismos de control popular de los Poderes constituidos

Art. 82 – La ciudadanía tiene el poder de disolver el Parlamento Federal (y con él el Gabinete de Ministerios del Gobierno Federal) o el Parlamento Local (y con él el Gabinete de Secretarías del Gobierno Local) de forma inmediata si la mayoría simple (50%+1) por suma sin plazo de las inscritas y los inscritos en el padrón electoral correspondiente manifiestan, individualmente, ante el Servicio Electoral su voto de desconfianza hacia el Parlamento Federal o Local a través de un formulario propio para tal finalidad ofrecido por el Servicio Electoral.

Párrafo único – Las elecciones federales o locales anticipadas, en virtud de disolución por voto de desconfianza popular, serán realizadas en el último domingo del plazo de 91 días, a ser contados a partir del día de disolución, mientras tanto las instituciones afectadas reducen su actividad al mínimo necesario para el funcionamiento normal del Estado en los términos de la ley específica para tal finalidad a ser aprobada por 3/5 del Parlamento Federal.

Art. 83 – La ciudadanía tiene el poder de anular una deliberación del Parlamento Federal o Local de forma inmediata si la mayoría simple (50%+1) por suma sin plazo de las inscritas y los inscritos en el padrón electoral correspondiente manifiestan, individualmente, ante el Servicio Electoral su solicitud de anulación de acción parlamentaria a través de un formulario propio para tal finalidad ofrecido por el Servicio Electoral.

Del Poder Legislativo

Art. 84 – El Poder Legislativo Federal será constituido por el Parlamento Federal, representado por la Presidente o el Presidente del Parlamento Federal y el Poder Legislativo Local será constituido por el Parlamento Local, representado por la Presidente o el Presidente del Parlamento Local.

Párrafo 1 – Las sesiones regulares del Parlamento Federal y de los Parlamentos Locales serán realizadas de los martes a los jueves de la segunda semana del año hasta la décima segunda, de la décima quinta semana del año hasta la vigésima quinta, de la vigésima octava semana del año hasta la trigésima octava y de la cuadragésima primera hasta la quincuagésima primera, sin perjuicio de que se convoquen sesiones extraordinarias en los casos previstos en esta Constitución.

Párrafo 2 – Los lunes y los viernes de las semanas de actividad parlamentaria deben ser destinados a la atención a sus representados.

Del Parlamento Federal

Art. 85 – El Parlamento Federal será compuesto por 1 parlamentaria y 1 parlamentario de cada Ciudad-Estado, Territorio Autónomo y Distrito Federal, electos de forma separada, y este será presidido y representado por la parlamentaria o el parlamentario que tenga la mayoría simple (50%+1) de los votos de sus pares, en caso de esta mayoría simple (50%+1) no ser alcanzada, se realizará una segunda vuelta entre las dos candidaturas que más votos recibieron.

Párrafo 1 – La Ciudad-Estado, Territorio Autónomo o Distrito Federal elegirá 1 parlamentaria y 1 parlamentario adicional para cada 100.000 inscritos en el padrón electoral.

Párrafo 2 – Serán elegidos parlamentarias y parlamentarios las candidatas y los candidatos al parlamento que tengan la mayoría (o las mayorías) del número de votos en su

Ciudad-Estado, Territorio Autónomo o Distrito Federal.

Párrafo 3 – El cupo parlamentario será declarado vacante de forma temporaria, para efectos de convocatoria de reemplazo, en los siguientes casos:

1) No estar en el país durante las sesiones del Parlamento Federal;

2) Tratamiento médico que impida el pleno ejercicio de sus funciones;

3) Desaparición;

4) Secuestro.

Párrafo 4 – El cupo parlamentario será declarado vacante de forma permanente, para efectos de convocatoria de reemplazo, en los siguientes casos:

1) Suspensión de los derechos políticos;

2) Condena que determine pena de reclusión;

3) Renuncia;

4) Fallecimiento.

Párrafo 5 – El cupo parlamentario en vacancia será ocupado por la candidata o el candidato más votado de su lista que no esté en ejercicio parlamentario mientras dure la vacancia.

Párrafo 6 – Existirá una Comisión Parlamentaria Permanente del Parlamento Federal, presidida por parlamentaria o parlamentario elegido por la misma comisión, respectiva a cada Ministerio de Estado existente.

Párrafo 7 – La llamada a las parlamentarias y los parlamentarios para formar las Comisiones Parlamentarias Permanentes del Parlamento

Federal partirá por quién fue electa o electo con la mayor cantidad de votos y así sigue sucesivamente, alternando entre géneros.

Párrafo 8 – En caso de empate en una votación el voto de la Presidente o el Presidente del Parlamento Federal o de la Comisión, donde se realiza la votación determinará la posición ganadora.

Párrafo 9 – La jurisdicción, las competencias específicas y las reglas de funcionamiento del Parlamento Federal que estén omitidas en esta Constitución serán reguladas por ley específica para tal finalidad a ser aprobada por 3/5 del Parlamento Federal.

De los Parlamentos Locales

Art. 86 – El Parlamento Local será compuesto por 1 parlamentaria y 1 parlamentario, electos de forma separada, multiplicado por X, donde X será el doble de representantes de la Ciudad-Estado en el Parlamento Federal, y este será presidido y representado por la parlamentaria o el parlamentario que tenga la mayoría simple (50%+1) de los votos de sus pares, en caso de esta mayoría simple (50%+1) no ser alcanzada, se realizará una segunda vuelta entre las dos candidaturas que más votos recibieron.

Párrafo 1 – El Parlamento Local tendrá el mínimo de 6 parlamentarias y 6 parlamentarios.

Párrafo 2 – Serán elegidos parlamentarias y parlamentarios las candidatas y los candidatos al parlamento que tengan las mayorías del número de votos.

Párrafo 3 – El cupo parlamentario será declarado vacante de forma temporaria, para efectos de convocatoria de reemplazo, en los siguientes casos:

1) No estar en la Ciudad-Estado durante las sesiones del Parlamento Local;

2) Tratamiento médico que impida el pleno ejercicio de sus funciones;

3) Desaparición;

4) Secuestro.

Párrafo 4 – El cupo parlamentario será declarado vacante de forma permanente, para efectos de convocatoria de reemplazo, en los siguientes casos:

1) Suspensión de los derechos políticos;

2) Condena que determine pena de reclusión;

3) Renuncia;

4) Fallecimiento.

Párrafo 5 – El cupo parlamentario en vacancia será ocupado por la candidata o el candidato más votado de su lista que no esté en ejercicio parlamentario mientras dure la vacancia.

Párrafo 6 – Existirá una Comisión Parlamentaria Permanente del Parlamento Local, presidida por parlamentaria o parlamentario elegido por la misma comisión, respectiva a cada Ministerio de Estado existente, priorizando los Ministerios de Estado establecidos en esta Constitución por sobre los Ministerios Especiales de Estado y los Ministerios Especiales de Estado por sobre las Secretarías Especiales del Gobierno Local.

Párrafo 7 – La llamada a las parlamentarias y los parlamentarios para formar las Comisiones Parlamentarias Permanentes del Parlamento Local partirá por quién fue electa o electo con la mayor cantidad de votos y así sigue sucesivamente, alternando entre géneros.

Párrafo 8 – En caso de empate en una votación el voto de la o el Presidente del Parlamento Local o Comisión donde se realiza la votación determinará la posición ganadora.

Párrafo 9 – La jurisdicción, las competencias específicas y las reglas de funcionamiento del Parlamento Local que estén omitidas en esta Constitución serán reguladas por ley específica para tal finalidad a ser aprobada por 3/5 del Parlamento Federal.

Del Poder Judiciario

Art. 87 – El Poder Judiciario Federal será constituido por la Corte Federal y los tribunales federales, constituidos según ley específica para tal finalidad a ser aprobada por 3/5 del Parlamento Federal, y presidido y representado por la Presidente o el Presidente de la Corte Federal y el Poder Judiciario Local será constituido por la Corte Local y los tribunales locales, constituidos según ley específica para tal finalidad a ser aprobada por 3/5 del Parlamento Federal, y presidido y representado por la Presidente o el Presidente de la Corte Local.

De la Corte Federal

Art. 88 – La Corte Federal será compuesta por 10 Ministras y 10 Ministros más 1 de cualquier género nombrados por la Primera Ministra o el Primer Ministro, con aprobación del Parlamento Federal, para mandato permanente hasta su jubilación, a los 70 años, incapacidad, física o mental, para el pleno ejercicio de sus funciones o fallecimiento.

Párrafo 1 – Son condiciones de elegibilidad para Ministra o Ministro de la Corte Federal:

1) La ciudadanía chilena;

2) Ser Ministra o Ministro en alguna Corte Local por más de 10 años.

Párrafo 2 – La jurisdicción, las competencias específicas y las reglas de funcionamiento del Poder Judiciario Federal que estén omitidas en esta Constitución serán reguladas por legislación específica para tal finalidad a ser aprobada por 3/5 del Parlamento Federal.

Párrafo 3 – La Corte Federal será compuesta por las Ministras y los Ministros de la antigua Corte Suprema de la antigua República de Chile y su renovación se dará de acuerdo con las normas establecidas en esta Constitución, cuando no haya más Ministras o Ministros remanecientes de la antigua Corte Suprema de la antigua República de Chile este párrafo será eliminado del texto de esta Constitución.

De los Tribunales Federales

Art. 89 – Los Tribunales Federales serán instituidos y regulados por ley específica para tal finalidad a ser aprobada por 3/5 del Parlamento Federal.

De las Cortes Locales

Art. 90 – La Corte Local será compuesta por un máximo de 10 Ministras y 10 Ministros más 1 de cualquier género nombrados por el Parlamento Local para mandato permanente hasta su jubilación, a los 70 años, incapacidad, física o mental, para el pleno ejercicio de sus funciones o fallecimiento.

Párrafo 1 – La cantidad de Ministras y Ministros en la Corte Local será proporcional al tamaño de su población y esta proporcionalidad será regulada por ley específica para tal finalidad a ser aprobada por 3/5 del Parlamento Federal.

Párrafo 2 – Son condiciones de elegibilidad para Ministra o Ministro de la Corte Local:

1) La ciudadanía chilena;

2) Ser Jueza o Juez en algún Tribunal Local por más de 5 años.

Párrafo 3 – La jurisdicción, las competencias y las reglas de funcionamiento del Poder Judiciario Local que estén omitidas en esta Constitución serán reguladas por legislación específica para tal finalidad a ser aprobada por 3/5 del Parlamento Federal.

De los Tribunales Locales

Art. 91 – Los Tribunales Locales serán instituidos y regulados por ley específica para tal finalidad a ser aprobada por 3/5 del Parlamento Federal.

Del Poder Ejecutivo

Art. 92 – El Poder Ejecutivo Federal será constituido por el Gabinete de Ministerios del Gobierno Federal, representando por la Primera Ministra o el Primer Ministro y el Poder Ejecutivo Local será constituido por el Gabinete de Secretarías del Gobierno Local, representado por la Gobernadora Local o el Gobernador Local.

Art. 93 – La continuidad del Gobierno Federal o Local en la ausencia, temporaria o definitiva, de la Jefatura del Poder Ejecutivo es la siguiente:

1) Ministerio de Estado de la Coordinación General de Gobierno en el

nivel Federal y Secretaría del Gobierno Local de la Coordinación General del Gobierno en el nivel Local;

2) Presidente del Parlamento Federal en el nivel Federal y Presidente del Parlamento Local en el nivel Local;

3) Presidente de la Corte Federal en el nivel Federal y Presidente de la Corte Local en el nivel Local;

4) La Ministra o el Ministro de la Corte Federal con mayor edad en el nivel Federal y la Ministra o el Ministro de la Corte Local con mayor edad en el nivel Local;

5) La parlamentaria o el parlamentario del Parlamento Federal con mayor edad en el nivel Federal y la parlamentaria o el parlamentario del Parlamento Local con mayor edad en el nivel Local.

Del Gabinete de Ministerios del Gobierno Federal

Art. 94 – El Gabinete de Ministerios del Gobierno Federal será compuesto por la Primera Ministra o el Primer Ministro, que acumulará las funciones de Jefe de Estado, Jefe de Gobierno y Comandante en Jefe de las Fuerzas Armadas, y nombrará, por decreto, las titulares o los titulares de los siguientes Ministerios de Estado:

1) Ministerio de Estado de la Coordinación General de Gobierno;

2) Ministerio de Estado de la Salud, Familia y Desarrollo Social;

3) Ministerio de Estado del Medio Ambiente, Recursos Naturales, Minería y Energía;

4) Ministerio de Estado de la Agricultura, Pecuaria, Seguridad Alimentaria y Nutricional;

125

5) Ministerio de Estado de las Obras Públicas, Bienes Federales, Vivienda, Saneamiento Básico y Urbanismo;

6) Ministerio de Estado de los Transportes y Comunicaciones;

7) Ministerio de Estado de la Educación, Ciencia, Tecnología y Deportes;

8) Ministerio de Estado de la Economía, Industria, Comercio, Turismo, Trabajo y Previsión Social;

9) Ministerio de Estado de la Cultura, Artes, Patrimonio y de la Integración Plurinacional;

10) Ministerio de Estado de la Constitución, Justicia y Derechos Humanos;

11) Ministerio de Estado de la Seguridad Pública, Defensa Plurinacional y Relaciones Exteriores;

Párrafo 1 – La jurisdicción, las competencias y las reglas del funcionamiento de cada Ministerio de Estado serán establecidas por la Primera Ministra o el Primer Ministro, con la aprobación del Parlamento Federal.

Párrafo 2 – La Primera Ministra o el Primer Ministro podrá, con aprobación del Parlamento Federal, crear o extinguir Ministerios Especiales de Estado, vigentes solamente durante su mandato, para atender demandas sociales que a su juicio no se encuentren en la jurisdicción de los Ministerios de Estado establecidos en esta Constitución.

Párrafo 3 – Las actividades de cada Ministerio de Estado serán fiscalizadas por su respectiva Comisión

Parlamentaria Permanente del Parlamento Federal, donde las titulares y los titulares de los Ministerios de Estado pueden participar con voz, pero no con voto, y pueden ser convocados por las parlamentarias y los parlamentarios a prestar los esclarecimientos que juzguen necesarios cuando estimen conveniente.

Párrafo 4 – Los Ministerios de Estado deben conceder, al menos, una audiencia anual a cada una de sus respectivas Secretarías de Gobierno Local y, al menos, una reunión anual con la totalidad de ellas con la finalidad de atender las demandas locales y coordinar acciones integradas entre el Gobierno Federal y los Gobiernos Locales.

Párrafo 5 – La Primera Ministra o el Primer Ministro serán elegidos de la siguiente forma:

1) Las candidatas y los candidatos al Parlamento Federal deberán declarar al Servicio Electoral antes del inicio de sus campañas a que candidatura al cargo de Primera Ministra o Primer Ministro darán su voto de confianza, automáticamente, caso sean electos y así se formarán las listas, separadas por género, que serán ordenadas por sorteo.

2) Será elegida Primera Ministra o Primer Ministro, la candidata o el candidato al cargo que

posea la mayoría simple (50%+1) de los votos de confianza de las parlamentarias y de los parlamentarios electos al Parlamento Federal.

3) En caso de que ninguna candidata o candidato posea la mayoría simple (50%+1), es Primera Ministra o Primer Ministro quien logre formar una coalición con las otras candidaturas al cargo cuya suma de los votos de confianza de las parlamentarias y de los parlamentarios electos al

Parlamento Federal alcance la mayoría simple (50%+1) dentro del plazo de 28 días.

4) En caso de que no se logre formar una coalición para gobernar serán realizadas nuevas elecciones federales en el último domingo del plazo de 91 días, a ser contados desde el fin del plazo establecido en el punto anterior, con nuevas candidaturas.

5) En caso de que la Primera Ministra o el Primer Ministro, pierda la mayoría

simple (50%+1) de los votos de confianza en el Parlamento Federal serán realizadas elecciones federales anticipadas en el último domingo del plazo de 91 días, a ser contado desde el día en que se perdió la mayoría.

Párrafo 5 – La Primera Ministra o el Primer Ministro puede convocar elecciones anticipadas para el Parlamento Federal y ellas serán realizadas en el último domingo del plazo de 91 días, a ser contados a partir del día en que fueron convocadas.

Párrafo 6 – La titularidad del Primer Ministerio será declarada vacante de forma temporaria, para efectos de activar el mecanismo de continuidad del Gobierno Federal en los siguientes casos:

1) No estar en el País;

2) Tratamiento médico que impida el pleno ejercicio de sus funciones;

3) Desaparición;

4) Secuestro.

Párrafo 7 – La titularidad del Primer Ministerio será declarada vacante de forma permanente, para efectos de activar el mecanismo de continuidad del Gobierno Federal en los siguientes casos:

1) Suspensión de los derechos políticos;

2) Condena que determine pena de reclusión;

3) Renuncia;

4) Fallecimiento.

Párrafo 8 – Quien tenga la titularidad del Primer Ministerio en virtud de la activación del mecanismo de continuidad del Gobierno Federal por vacancia temporaria será llamada Primera Ministra en ejercicio o llamado Primer Ministro en ejercicio.

Párrafo 9 – La Primera Ministra en ejercicio o el Primer Ministro en ejercicio están limitados a solamente administrar internamente el Gobierno Federal, no pudiendo firmar tratados internacionales, nombrar titulares de Ministerios de Estado o de la Corte Federal, convocar elecciones anticipadas para el Parlamento Federal y declarar estados de excepción constitucional, salvo en caso de comprobada agresión militar extranjera y con autorización del Parlamento Federal en los términos de esta Constitución.

De las instituciones públicas estratégicas subordinadas al Poder Ejecutivo Federal

Art. 95 – Son instituciones públicas estratégicas subordinadas al Poder Ejecutivo Federal:

1) La Empresa Federal de Tecnología Médica y Farmacéutica de Chile – subordinada al Ministerio de Estado de la Salud, Familia y Desarrollo Social;

2) La Empresa Federal de Recursos Naturales, Minas, Metalurgia y Energía de Chile – subordinada al Ministerio de Estado del Medio Ambiente, Recursos Naturales, Minería y Energía;

3) La Empresa Federal de Alimentos de Chile – subordinada al Ministerio de Estado de la Agricultura, Pecuaria, Seguridad Alimentaria y Nutricional;

4) La Empresa Federal de Obras Públicas de Chile – subordinada al Ministerio de Estado de las Obras Públicas, Bienes Federales, Vivienda, Saneamiento Básico y Urbanismo;

5) La Empresa Federal de Comunicación de Chile – subordinada al

Ministerio de Transportes y Comunicaciones;

6) La Empresa Federal de Transportes de Chile – subordinada al Ministerio de Estado de los Transportes y Comunicaciones;

7) La Universidad de Chile – subordinada al Ministerio de Estado de la Educación, Ciencia, Tecnología y Deportes;

8) La Red Federal de Bibliotecas de Chile – subordinada al Ministerio de Estado de la Educación,

Ciencia, Tecnología y Deportes;

9) La Cooperativa Federal de Producción, Distribución y Consumo de Chile – subordinada al Ministerio de Estado de la Economía, Industria, Comercio, Turismo, Trabajo y Previsión Social;

10) El Fondo Federal de Pensiones – subordinada al Ministerio de Estado de la Economía, Industria, Comercio, Turismo, Trabajo y Previsión Social;

11) El Banco Central de Chile –

subordinada al Ministerio de Estado de la Economía, Industria, Comercio, Turismo, Trabajo y Previsión Social;

12) La Casa Federal de la Moneda y Sellos Postales – subordinada al Banco Central de Chile;

13) La Red Federal de Centro Culturales de Chile – subordinada al Ministerio de Estado de la Cultura, Artes, Patrimonio y de la Integración Plurinacional;

14) La Red Federal de Museos de Chile – subordinada al

Ministerio de Estado de la Cultura, Artes, Patrimonio y de la Integración Plurinacional;

15) Empresa Federal de Tecnología Militar y Espacial – subordinada al Ministerio de Estado de la Seguridad Pública, Defensa Plurinacional y Relaciones Exteriores;

16) Las Fuerzas de Seguridad Federales – subordinada al Ministerio de Estado de la Seguridad Pública, Defensa Plurinacional y Relaciones Exteriores;

17) Las Fuerzas Armadas – subordinada directamente al Primer Ministerio.

Párrafo 1 – El Estado puede abrir el capital de estas instituciones con la condición de que debe siempre poseer al menos 50%+1 de las acciones de estas instituciones, con excepción de la Universidad de Chile, del Banco Central de Chile, de las Fuerzas de Seguridad Federales y las Fuerzas Armadas cuyo control debe siempre ser total por parte del Estado.

Párrafo 2 – Las ofertas de acciones al mercado debe ser aprobada en los términos de la ley específica para tal finalidad a ser aprobada por 3/5 del Parlamento Federal.

141

Párrafo 3 – Los accionistas extranjeros no pueden superar los 50% de las acciones ofertadas por cada institución.

Párrafo 4 – Siempre que el Estado necesite un servicio que una institución pública estratégica pueda ofrecer, ella será automáticamente contratada.

Párrafo 5 – Está asegurado el monopolio de la explotación de los recursos naturales para la Empresa Federal de Recursos Naturales, Minas, Metalurgia y Energía de Chile, el monopolio de las Obras Públicas para la Empresa Federal de Obras Públicas de Chile, el monopolio de la enseñanza superior para la Universidad de Chile, el monopolio de los fondos de pensión para el Fondo Federal de Pensiones, el monopolio de la emisión monetaria, títulos del Estado y sellos postales para el Banco Central de Chile ejercido a través de la Casa Federal de la Moneda y Sellos Postales y el monopolio policial y militar para las Fuerzas de Seguridad Federales y para las Fuerzas Armadas.

Párrafo 6 – Las instituciones públicas estratégicas existentes, además de la creación, fusión o extinción de ellas, serán reguladas por ley específica para tal finalidad a ser aprobada por 3/5 del Parlamento Federal.

De los Gabinetes de Secretarías de los

Gobiernos Locales

Art. 96 – El Gabinete de Secretarías del Gobierno Local será compuesto por la Gobernadora Local o el Gobernador Local, que acumulará las funciones de Jefe de Gobierno y Comandante en Jefe de las Fuerzas de Seguridad Locales, y nombrará, por decreto, las o los titulares de las Secretarías del Gobierno Local.

Párrafo 1 – Existirá una Secretaría del Gobierno Local correspondiente a cada Ministerio de Estado existente.

Párrafo 2 – La jurisdicción, las competencias y las reglas del funcionamiento de cada Secretaría del Gobierno Local será establecida por la Primera Ministra o el Primer Ministro, con aprobación del Parlamento Federal.

Párrafo 3 – La Gobernadora o el Gobernador Local podrá, con aprobación del Parlamento Local, crear o extinguir Secretarías Especiales del

144

Gobierno Local, vigentes solamente durante su mandato, para atender demandas sociales que a su juicio no se encuentren en la jurisdicción de las Secretaría del Gobierno Local existentes hasta entonces.

Párrafo 4 – Las actividades de cada Secretaría del Gobierno Local serán fiscalizadas por su respectiva Comisión Parlamentaria Permanente del Parlamento Local, donde las titulares y los titulares de las Secretarias de Gobierno Local pueden participar con voz, pero no con voto, y pueden ser convocados por las parlamentarias y los parlamentarios a prestar los esclarecimientos que juzguen necesarios cuando estimen conveniente.

Párrafo 5 – La Gobernadora Local o el Gobernador Local serán elegidos de la siguiente forma:

1) Los candidatos y candidatas al

Parlamento Local deberán declarar al Servicio Electoral, antes del inicio de sus campañas, a qué candidatura al cargo de Gobernadora o Gobernador Local darán su voto de confianza, automáticamente, en caso de que sean electos y así se formarán las listas, separadas por género, que serán ordenadas por sorteo.

2) Será elegida Gobernadora o Gobernador Local, la candidata o el candidato al cargo que posea la mayoría simple (50%+1) de

los votos de confianza de las parlamentarias y de los parlamentarios electos al Parlamento Local.

3) En caso de que ninguna candidata o candidato posea la mayoría simple (50%+1), es Gobernadora o Gobernador Local quien logre formar una coalición con las otras candidaturas al cargo cuya suma de los votos de confianza de las parlamentarias y de los parlamentarios electos al Parlamento Local alcance la mayoría

simple (50%+1) dentro del plazo de 28 días.

4) En caso de que no se logre formar una coalición para gobernar serán realizadas nuevas elecciones locales en el último domingo del plazo de 91 días, a ser contados desde el fin del plazo establecido en el punto anterior, con nuevas candidaturas.

5) En caso de que la Gobernadora o Gobernador Local, pierda la mayoría simple (50%+1) de los votos de

confianza en el Parlamento Local serán realizadas elecciones locales anticipadas en el último domingo del plazo de 91 días, a ser contados desde el día en que se perdió la mayoría.

Párrafo 6 – La Gobernadora o el Gobernador Local puede convocar elecciones anticipadas para el Parlamento Local y ellas serán realizadas en el último domingo del plazo de 91 días, a ser contados a partir del día en que fueron convocadas.

Párrafo 7 – La titularidad de la Gobernación Local será declarada vacante de forma temporaria, para efectos de activar el mecanismo de continuidad del Gobierno Local en los siguientes casos:

1) No estar en la Ciudad-Estado;

2) Tratamiento médico que impida el pleno ejercicio de sus funciones;

3) Desaparición;

4) Secuestro.

Párrafo 8 – La titularidad de la Gobernación Local será declarada vacante de forma permanente, para efectos de activar el mecanismo de continuidad del Gobierno Local en los siguientes casos:

1) Suspensión de los derechos políticos;

2) Condena que determine pena de reclusión;

3) Renuncia;

4) Fallecimiento.

Párrafo 9 – Quien tenga la titularidad de la Gobernación Local, en virtud de la activación del mecanismo de continuidad del Gobierno Local por vacancia temporaria, será llamada Gobernadora o Gobernador Local en ejercicio.

Párrafo 10 – La Gobernadora o el Gobernador Local en ejercicio están limitados a solamente administrar internamente el Gobierno Local, no pudiendo nombrar titulares de Secretaría de Gobierno Local o de la Corte Local ni convocar elecciones anticipadas para el Parlamento Local.

De las instituciones públicas estratégicas subordinadas al Poder Ejecutivo Local

Art. 97 – Son instituciones públicas estratégicas subordinadas al Poder Ejecutivo Local:

1) La Empresa Local de Obras Públicas – subordinada a la Secretaría de Gobierno Local de las Obras Públicas, Bienes Locales, Vivienda, Saneamiento Básico y Urbanismo;

2) La Empresa Local de Saneamiento Básico – subordinada a la Secretaría de Gobierno Local de las Obras Públicas, Bienes Locales, Vivienda, Saneamiento Básico y Urbanismo;

3) La Empresa Local de Comunicación – subordinada a la

Secretaría Local de los Transportes y Comunicaciones;

4) La Empresa Local de Transportes – subordinada a la Secretaría de Gobierno Local de los Transportes y Comunicaciones;

5) La Red Local de Educación Básica y Media – subordinada a la Secretaría de Gobierno Local de la Educación, Ciencia, Tecnología y Deportes;

6) La Red Local de Bibliotecas – subordinada a la Secretaría de Gobierno Local de la

Educación, Ciencia, Tecnología y Deportes;

7) La Cooperativa Local de Producción, Distribución y Consumo – subordinada a la Secretaría de Gobierno Local de la Economía, Industria, Comercio, Turismo, Trabajo y Previsión Social;

8) El Banco Local – subordinada a la Secretaría de Gobierno Local de la Economía, Industria, Comercio, Turismo, Trabajo y Previsión Social;

9) La Red Local de Centros Culturales – subordinada a la Secretaría de Gobierno Local de la Cultura, Artes, Patrimonio y de la Integración Plurinacional;

10) La Red Local de Museos – subordinada a la Secretaría de Gobierno Local de la Cultura, Artes, Patrimonio y de la Integración Plurinacional;

11) Las Fuerzas de Seguridad Local – subordinada a la Secretaría de Gobierno Local de la Seguridad Pública.

Párrafo 1 – La Ciudad-Estado puede abrir el capital de estas instituciones, con la condición de que debe siempre poseer al menos 50%+1 de las acciones de estas instituciones, con excepción del Banco Local y de las Fuerzas de Seguridad Local cuyo control debe siempre ser total por parte de la Ciudad-Estado.

Párrafo 2 – Las ofertas de acciones al mercado debe ser aprobada en los términos de la ley específica para tal finalidad a ser aprobada por 3/5 del Parlamento Local.

Párrafo 3 – Los accionistas extranjeros no pueden superar los 50% de las acciones ofertadas por cada institución.

Párrafo 4 – Las institu-
ciones públicas estratégicas
locales ganan automática-
mente las licitaciones públicas
locales que postulen relaciona-
das a su respectiva actividad
específica, excepto si postuló
una institución pública estratégica federal.

Párrafo 5 – Está asegu-
rado el monopolio local para la
Empresa Local de Obras Públicas, para la Red Local de
Educación Básica y Media y
para las Fuerzas de Seguridad
Local en sus respectivas actividades específicas.

Párrafo 6 – Las institu-
ciones públicas estratégicas
locales existentes, además de
la creación, fusión o extinción
de ellas, serán reguladas por la
ley   específica   para   tal

finalidad, a ser aprobada por 3/5 del Parlamento Federal.

Capítulo 5: De la organización de la vida civil

De la organización del tiempo

Art. 98 – La hora oficial de la Comunidad Federal Plurinacional de Chile será determinada por una institución pública designada en los términos de ley específica para tal finalidad a ser aprobada por 3/5 del Parlamento Federal.

Párrafo único – Está prohibido el cambio de horario en función de las estaciones del año.

Art. 99 – La Comunidad Federal Plurinacional de Chile, como Estado laico que es, no se regirá más por el calendario católico gregoriano ni poseerá feriados de connotación religiosa, sino que, por un calendario civil propio en los términos de la ley específica para tal finalidad, a ser aprobada por 3/5 del Parlamento Federal.

Párrafo único – El calendario civil debe poseer al menos 200 días útiles y seguir con la división semanal de 7 días.

De la organización lingüística

Art. 100 – Son idiomas oficiales, de la Comunidad Federal Plurinacional de Chile, el castellano y los idiomas de los pueblos originarios en su respectivo Territorio Autónomo.

Párrafo 1 – Se constituirá, en los términos de la ley específica para tal finalidad a ser aprobada por 3/5 del Parlamento Federal, las Academias de Letras de cada idioma oficial de la Comunidad Federal Plurinacional de Chile.

Párrafo 2 – La enseñanza del idioma portugués será obligatoria en todos los establecimientos de educación básica y media y será objetivo prioritario de la política externa de la Comunidad Federal Plurinacional de Chile con relación a Brasil, que este país adopte medida reciproca con fines de avanzar en la integración cultural continental.

De la soberanía individual sobre el propio cuerpo

Art. 101 – Está prohibido al Estado o a cualquier otra institución, pública o privada, obligar por cualquier medio a cualquier persona a implantar o marcar cualquier cosa en su cuerpo, por la razón que sea. Este artículo no puede ser modificado ni suprimido de esta Constitución.

Párrafo único – El pueblo tiene el derecho y el deber de defenderse, por absolutamente todos los medios posibles y disponibles, contra quien sea que incumpla lo determinado por este artículo y nadie podrá ser penalizado legalmente por las consecuencias del ejercicio de este derecho y deber constitucional de defender la última frontera de la libertad individual.

Art. 102 – La producción, la venta y el consumo de alcohol y cannabis será libre, prohibiéndose el consumo a menores de edad.

Párrafo 1 – Los otros estupefacientes serán prohibidos, restringidos o liberados según ley específica para tal finalidad a ser aprobada por el Parlamento Federal.

Párrafo 2 – El tráfico internacional de estupefacientes está prohibido y penalizado por la ley.

Párrafo 3 – Estar bajo el efecto de cualquier estupefaciente al cometer acción delictuosa será considerado agravante, llevando a la aplicación de la máxima pena posible para el delito cometido.

Párrafo 4 – El consumo de sustancias estupefacientes será considerado un problema de salud pública antes de un problema de seguridad pública.

Art. 103 – El aborto será considerado asesinato y penalizado como tal, dado que es una violación del derecho a la vida y del derecho al propio cuerpo del ser humano no-nacido, pero será permitido por la ley en los siguientes casos:

1) Riesgo de vida para la gestante, pues, en este caso, se considera el aborto como acción de legítima defensa del derecho a la vida de la gestante;

2) Inviabilidad del feto, pues, en este caso, se considera el aborto como acción para terminar con irremediable e innecesario sufrimiento físico del ser humano no-nacido;

3) Embarazo fruto de comprobada violación, pues, en este caso, aunque el ser humano no-nacido no tenga culpa de ser fruto de una violación, se considera el Estado como incompetente para juzgar sobre el tema y sobre el impacto de tal trauma sobre la vida de la gestante.

Párrafo 1 – El Estado deberá ofrecer gratuitamente apoyo multidisciplinario a la gestante y, también, a su familia, cuando solicitado, en cualquiera de estos tres casos.

Párrafo 2 – Los abortos solo podrán ser realizados en el sistema público de salud y de forma gratuita, prohibiéndose su realización en el sistema de salud privado siendo considerados por la ley como cómplices de asesinato quien los haga.

Párrafo 3 – El Estado deberá ofrecer gratuitamente educación sexual y reproductiva y, también, dispositivos anticonceptivos y procedimientos quirúrgicos de esterilización.

Párrafo 4 – El Estado deberá ofrecer gratuitamente apoyo multidisciplinario a la gestante y, también, a su familia, cuando necesario, en el caso de un embarazo no deseado con la finalidad de revertir la condición de "no deseado". En caso del Estado fallar en esta finalidad, deberá este hacerse cargo del cuidado del fruto del embarazo, preferencialmente, destinándolo a una familia dispuesta a su cuidado lo más rápido posible, incluso antes de su nacimiento, sin perjuicio de que este pueda ser recuperado por su familia biológica si la familia a su cargo acepta ceder su custodia, resguardado el derecho de que esta pueda mantener contacto regular y el vínculo afectivo con la niña o el niño en cuestión, según ley específica a ser aprobada por 3/5 del Parlamento Federal.

Párrafo 5 – La gestante que considere tener una cuarta causal que justifique el aborto que quiera realizar, podrá presentarla, aunque menor de edad, ante los tribunales competentes en los términos de la ley de forma gratuita y estos deben responder dentro de 72 horas, siendo crimen de responsabilidad el incumplimiento de este plazo.

Párrafo 6 – Está prohibido la realización del aborto después de la cardiogenesis, salvo si el riesgo de vida o la inviabilidad del feto sea identificado posterior a este plazo.

Párrafo 7 – La objeción de conciencia solo puede ser presentada por los profesionales de la salud en caso de aborto por cuarta causal.

De los derechos específicos de segmentos

Art. 104 – 3/5 del Parlamento Federal aprobará las siguientes leyes para garantizar los derechos específicos de distinto segmentos de la sociedad:

1) Ley de protección a los derechos del ser humano no-nacido, de la gestante y de la lactante;

2) Ley de protección a los derechos de la infancia, de la adolescencia y de la juventud;

3) Ley de protección a los derechos de las madres y de los padres;

4) Ley de protección a los derechos del adulto mayor y de la adulta mayor;

5) Ley de protección a los derechos de las enfermas y los enfermos;

6) Ley de protección a los derechos de las enfermas terminales y los enfermos terminales;

7) Ley de protección a los derechos de las personas con capacidades diferenciadas;

8) Ley de protección a los derechos de la mujer;

9) Ley de protección a los derechos del hombre;

10) Ley de protección a los derechos de las estudiantes y los estudiantes;

11) Ley de protección a los derechos de las trabajadoras y los trabajadores;

12) Ley de protección a los derechos de las artistas y los artistas;

13) Ley de protección a los derechos de las inmigrantes y los inmigrantes;

14) Ley antidiscriminación.

Capítulo 6: De la organización de la vida militar

De las Fuerzas Armadas

Art. 105 – Las ramas de las fuerzas armadas son:

1) La Fuerza Terrestre Plurinacional de Chile, encargada de las operaciones militares terrestres y defensa de las fronteras terrestres;

2) La Fuerza Marítima Plurinacional de Chile, encargada de las operaciones militares marítimas y defensa de las fronteras marítimas;

3) La Fuerza Aérea Plurinacional de Chile, encargada de las operaciones militares aéreas y defensa de las fronteras aéreas;

4) La Fuerza Ciberespacial Plurinacional de Chile, encargada de las operaciones militares ciberespaciales y defensa ciberespacial de las instituciones del Estado;

5) La Fuerza Espacial Plurinacional de Chile, encargada de las operaciones militares espaciales.

Párrafo 1 – Las Fuerzas Armadas tienen por misión fundamental defender y conservar la independencia nacional, la seguridad y estabilidad de la Comunidad Federal Plurinacional del Chile, su honor y su soberanía; asegurar el imperio de esta Constitución, garantizar la estabilidad de los Gobiernos legalmente constituidos y cooperar en el desarrollo integral del país.

Párrafo 2 – Las Fuerzas Armadas no pueden ser utilizadas en contra la población civil de la Comunidad Federal Plurinacional de Chile en ninguna circunstancia.

Párrafo 3 – El funcionamiento, las jurisdicciones y las competencias específicas de las Fuerzas Armadas de la Comunidad Federal Plurinacional de Chile serán reguladas por ley específica para tal finalidad a ser aprobada por 3/5 del Parlamento Federal.

Párrafo 4 – La transición del sistema militar de antigua República de Chile para el sistema militar de la Comunidad Federal Plurinacional de Chile será regulada por ley específica para tal finalidad a ser aprobada por 3/5 del Parlamento Federal. Una vez cumplida esta tarea este párrafo será eliminado del texto de esta Constitución.

Art. 106 – La Primera Ministra o El Primer Ministro ejerce como Comandante en Jefe de las fuerzas armadas con auxilio del Ministerio de Estado de la Seguridad Pública, Defensa Plurinacional y Relaciones Exteriores.

De las Fuerzas de Seguridad

De las Fuerzas de Seguridad Federales

Art. 107 – Las ramas de las fuerzas de seguridad federales son:

1) La Agencia Federal de Inteligencia de Chile, encargada de recolectar y procesar información de todos los ámbitos del nivel nacional e internacional y producir inteligencia de acuerdo con los requerimientos de la Primera Ministra o el Primer Ministro y, a partir de esto, elaborar informes de inteligencia, de carácter secreto, para el Jefe de Estado y a los organismos que él determine; proponer

normas y procedimientos de protección de los sistemas de información crítica del estado; requerir de los organismos de inteligencia militares y policiales información que sea de competencia de la AFIC; requerir de los servicios de la administración del Estado los antecedentes e informes que estime necesarios para el cumplimiento de sus objetivos y disponer la aplicación de medidas para detectar, neutralizar y contrarrestar las acciones de grupos terroristas, nacionales o internacionales y de organizaciones criminales transnacionales;

2) La Policía Federal de Chile, encargada de la prevención e investigación de los delitos federales, el mantenimiento del orden y las tareas de aplicación de la ley en nivel federal y, también, patrullar

los aeropuertos, las aguas marítimas y las fronteras;

3) La Policía Federal de Transportes de Chile, encargada de patrullar los caminos rodoviarios y ferro-viarios federales, manteniendo su orden, pero no investigando los delitos.

Párrafo 1 – Las fuerzas de seguridad federales responden al Primer Ministerio a través del Ministerio de Estado de la Seguridad Pública, Defensa Plurinacional y Relaciones Exteriores y sus actos serán de su responsabilidad legal.

Párrafo 2 – El funcionamiento, las jurisdicciones y las competencias específicas de las Fuerzas de Seguridad Federales de la Comunidad Federal Plurinacional de Chile serán reguladas por ley específica para tal finalidad a ser aprobada por 3/5 del Parlamento Federal.

Párrafo 3 – La transición del sistema de seguridad de la antigua República de Chile para el sistema de seguridad federal de la Comunidad Federal Plurinacional de Chile será regulada por ley específica para tal finalidad a ser aprobada por 3/5 del Parlamento Federal. Una vez cumplida esta tarea este párrafo será eliminado del texto de esta Constitución.

De las Fuerzas de Seguridad Locales

Art. 108 – Las ramas de las fuerzas de seguridad locales son:

1) La Policía Militar Local, encargada del mantenimiento del orden, patrulla de las calles y encarcelar a los sospechosos de actividades delictivas, a ser entregados a la custodia de la Policía Civil Local, y en caso de delitos federales, a la Policía Federal. Es una institución militarizada, basada en los principios de la jerarquía, rangos, uniformes, disciplina, y ceremoniales militares. Sin embargo, no es parte de las Fuerzas Armadas, sino que

es una fuerza auxiliar de la Fuerza Terrestre Plurinacional de Chile;

2) La Policía Civil Local, encargada de las actividades de policía judicial, administrativa y de seguridad. Tiene la función de investigar los crímenes cometidos en violación de la ley penal chilena. No patrullan las calles y no usa uniforme;

3) La Policía de Transportes Local, encargada de patrullar los caminos rodoviarios y ferroviarios locales, manteniendo su orden, pero no investigando los delitos.

Párrafo 1 – Las fuerzas de seguridad locales responden a la Gobernación Local a través de la Secretaría del Gobierno Local de la Seguridad Pública y sus actos serán de su responsabilidad legal.

Párrafo 2 – La transición del sistema de seguridad de antigua República de Chile para el sistema de seguridad local de la

Comunidad Federal Plurinacional de Chile será regulada por ley específica para tal finalidad a ser aprobada por 3/5 del Parlamento Federal.

Párrafo 3 – El funcionamiento, las jurisdicciones y las competencias específicas de las Fuerzas de Seguridad Locales de la Comunidad Federal Plurinacional de Chile serán reguladas por ley específica para tal finalidad a ser aprobada por 3/5 del Parlamento Federal.

De los Consejos de Seguridad

Del Consejo de Seguridad Federal

Art. 109 – El Consejo de Seguridad Federal es compuesto por:

1) La Primera Ministra o El Primer Ministro, Comandante en Jefe de las Fuerzas Armadas y Presidente del Consejo de Seguridad Federal;

2) Titular del Ministerio de Estado de la Coordinación General de Gobierno;

3) Titular del Ministerio de Estado de la Constitución, Justicia y Derechos Humanos;

4) Titular del Ministerio de Estado de la Seguridad Pública, Defensa Plurinacional y Relaciones Exteriores;

5) Comandante en Jefe de la Fuerza Terrestre Plurinacional de Chile;

6) Comandante en Jefe de la Fuerza Marítima Plurinacional de Chile;

7) Comandante en Jefe de la Fuerza Aérea Plurinacional de Chile;

8) Comandante en Jefe de la Fuerza Ciberespacial Plurinacional de Chile;

9) Comandante en Jefe de la Fuerza Espacial Plurinacional de Chile;

10) Comandante en Jefe de la Agencia Federal de Inteligencia de Chile;

11) Comandante en Jefe de la Policía Federal de Chile;

12) Comandante en Jefe de la Policía Federal de Transporte de Chile.

Párrafo 1 – La titularidad del cargo de Comandante en Jefe de las instituciones representadas en el Consejo de Seguridad Federal es indicada por la Primera Ministra o el Primer Ministro de entre los miembros de mayor rango de cada fuerza armada, policía y agencia.

Párrafo 2 – La Comunidad Federal Plurinacional de Chile es un país militarmente neutro y no participará de ningún conflicto bélico externo ni declarará la guerra a ningún país, salvo en caso de respuesta a comprobada amenaza o agresión extranjera y con la autorización de la mayoría simple (50%+1) del Consejo de Seguridad Federal y de la mayoría simple del (50%+1) del Parlamento Federal.

Párrafo 3 – El Consejo de Seguridad Federal se reunirá regularmente, al menos, una vez al mes.

Párrafo 4 – La Primera Ministra o el Primer Ministro puede invitar, extraordinariamente, titulares de Ministerios de Estado que no son parte Consejo de Seguridad Federal y miembros de los Poderes del Estado a nivel Federal y Local si la situación lo amerita, pero estos no tendrán derecho a voto.

Párrafo 5 – La Comunidad Federal Plurinacional de Chile se reserva el derecho de desarrollar armas nucleares si así deseara, y este derecho es monopolio exclusivo del Estado.

Del Consejo de Seguridad Local

Art. 110 – El Consejo de Seguridad Local es compuesto por:

1) La Gobernadora o El Gobernador Local, Comandante en Jefe de las Fuerzas de Seguridad Local y Presidente del Consejo de Seguridad Local;

177

2) Titular de la Secretaría del Gobierno Local de la Coordinación General de Gobierno;

3) Titular de la Secretaría del Gobierno Local de la Constitución, Justicia y Derechos Humanos;

4) Titular de la Secretaría del Gobierno Local de la Seguridad Pública, Defensa Plurinacional y Relaciones Exteriores;

5) Comandante en Jefe de la Policía Militar Local;

6) Comandante en Jefe de la Policía Civil Local;

7) Comandante en Jefe de la Policía de Transportes Local.

Párrafo 1 – La titularidad del cargo de Comandante en Jefe de las instituciones representadas en el Consejo de Seguridad Local es indicada por la Gobernadora Local o el Gobernador Local de entre los miembros de mayor rango de cada policía.

Párrafo 2 – El Consejo de Seguridad Local se reunirá regularmente, al menos, una vez al mes.

Párrafo 3 – La Gobernadora o el Gobernador Local puede invitar, extraordinariamente, titulares de Secretarías de Gobierno Local que no son parte Consejo de Seguridad Local y miembros de los Poderes del Estado a nivel Federal y Local si la situación lo amerita, pero estos no tendrán derecho a voto.

Del servicio militar

Art. 111 – El servicio militar es obligatorio para todas las jóvenes ciudadanas y todos los jóvenes ciudadanos, capacitados física y mentalmente, al cumplir 18 años independiente de cualquier condición.

Párrafo 1 – El servicio militar será cumplido en la rama de las Fuerzas Armadas donde la persona se presente y durará 1 año, prorrogable por un plazo de igual período si la reclutada o el reclutado así lo deseara.

Párrafo 2 – Durante el servicio militar obligatorio, la recluta o el recluta recibirán entrenamiento militar básico de forma integral lo que corresponde a: entrenamiento de acondicionamiento físico, entrenamiento de sobrevivencia, entrenamiento de combate cuerpo a cuerpo, entrenamiento de tiro, entrenamiento táctico y entrenamientos específicos de su rama.

Párrafo 3 – Las reclutas y los reclutas recibirán gratuitamente todo lo necesario para el cumplimiento del servicio militar obligatorio, además de remuneración equivalente a un sueldo mínimo y medio y tendrán derecho al descanso semanal como cualquier trabajador, salvo en caso de guerra.

Párrafo 4 – Una vez cumplido el servicio militar obligatorio la reclutada o el reclutado pasarán a la reserva de su respectiva rama de las Fuerzas Armadas.

Párrafo 5 – Solo puede acceder a la enseñanza superior y a cargos públicos quien haya cumplido con esta obligación, salvo en caso de que haya sido dispensado del servicio militar obligatorio por incapacidad física.

Párrafo 6 – El servicio militar obligatorio será regulado por una ley específica, a ser aprobada por 3/5 del Parlamento Federal.

Capítulo 7: Del estado de excepción constitucional

Art. 112 – En caso de peligro para la seguridad del Estado, amenaza externa, conmoción interna o desastre natural, la Primera Ministra o el Primer Ministro tendrá la potestad de declarar el Estado de Excepción Constitucional con la aprobación del Consejo de Seguridad Federal, en todo o en parte del territorio donde fuera necesario. La declaración del Estado de Excepción no podrá en ningún caso suspender las garantías de los derechos fundamentales, el derecho al debido proceso, el derecho a la información y los derechos de las personas privadas de libertad.

Art. 113 – La vigencia de la declaración del Estado de Excepción Constitucional dependerá de la aprobación posterior del Parlamento Federal, que tendrá lugar apenas las circunstancias lo permitan y, en todo caso, dentro de las siguientes 72 horas a la declaración del estado de excepción constitucional. La aprobación de la declaración indicará las facultades conferidas y guardará estricta relación y proporción con el caso de necesidad atendida por el estado de excepción constitucional. Los derechos consagrados en esta Constitución no quedarán en general suspendidos por la declaración del Estado de Excepción constitucional. Una vez finalizado el Estado de Excepción, no podrá declararse otro

Estado de Excepción dentro del siguiente año, salvo con autorización previa del Parlamento Federal.

Párrafo 1 – Si el Estado de Excepción Constitucional no fuere suspendido antes de noventa días, cumplido este término caducará de hecho, salvo el caso de guerra civil o internacional. Los que hubieren sido objeto de apremio serán puestos en libertad, a menos de haber sido sometidos a la jurisdicción de tribunales competentes.

Párrafo 2 – La Primera Ministra o el Primer ministro no podrá prolongar el estado de excepción constitucional más allá de noventa días, ni declarar otro dentro del mismo año sino con asentimiento del Parlamento Federal. Al efecto, lo convocará a Sesiones Extraordinarias si ocurriere el caso durante el receso del Parlamento Federal.

Art. 114 – La declaratoria de Estado de Excepción Constitucional produce los siguientes efectos:

1) El Ejecutivo podrá aumentar el número de efectivos de las Fuerzas Armadas y llamar al servicio las reservas que estime necesarias;

2) Podrá imponer la anticipación de contribuciones y rentas estatales que fueren indispensables, así como negociar y exigir empréstitos siempre que los recursos ordinarios fuesen insuficientes. En los casos de empréstito forzoso, el Ejecutivo asignará las cuotas y las distribuirá entre los contribuyentes conforme a su capacidad económica;

3) Las garantías y los derechos que consagra esta Constitución no quedarán suspensos de hecho y en general con la sola declaratoria del Estado de Excepción Constitucional; pero podrán serlo respecto de señaladas personas fundamentadamente acusadas de tramar contra el orden público, de acuerdo con lo que establecen los siguientes puntos;

4) Podrá la autoridad legítima expedir órdenes de comparendo o arresto contra las personas acusadas, pero en el plazo máximo de cuarenta y ocho horas los pondrá a disposición del juez competente, a quien

pasará los documentos que hubiesen mo-
tivado el arresto. Si la conservación del
orden público exigiese el alejamiento de
las personas acusadas, podrá ordenarse su
confinamiento a una unidad federativa
que no sea malsana;

5) Queda prohibido el destierro por motivos
políticos; pero al confinado, perseguido o
arrestado por estos motivos, que pida pa-
saporte para el exterior, no podrá serle ne-
gado por causa alguna debiendo las autoridades otorgarle las garantías necesarias
al efecto;

6) Los ejecutores de órdenes que violen estas garantías podrán ser enjuiciados en
cualquier tiempo, pasado que sea el Estado de Excepción Constitucional, como
reos de atentado contra las garantías constitucionales, sin que les favorezca la ex-
cusa de haber cumplido órdenes superiores.

Párrafo único – En caso de guerra internacional, podrá establecerse censura sobre la

correspondencia y todo medio de publicación y, también, la pena de muerte para militares enemigos y para ciudadanas chilenas o ciudadanos chilenos que comprobadamente colaboraron, voluntariamente, con el enemigo.

Art. 115 – La Primera Ministra o el Primer Ministro rendirá cuentas al Parlamento Federal de los motivos que dieron lugar a la declaración del Estado de Excepción Constitucional, así como del uso que haya hecho de las facultades conferidas por la Constitución y por la ley, informando del resultado de los enjuiciamientos ordenados y sugiriendo las medidas indispensables para satisfacer las obligaciones que hubiese contraído por préstamos directos y percepción anticipada de impuestos.

Párrafo 1 – Quienes violen los derechos establecidos en esta Constitución serán objeto de proceso penal por atentado contra los derechos.

Párrafo 2 – Los estados de excepción serán regulados por una ley específica para tal finalidad, a ser aprobada por 3/5 del Parlamento Federal.

Art. 116 – El Parlamento Federal dedicará sus primeras sesiones al examen de la cuenta a que se refiere el artículo precedente, pronunciando su aprobación o declarando la responsabilidad del Poder ejecutivo.

Párrafo único – El Parlamento Federal podrá, al respecto, hacer las investigaciones que crean necesarias y pedir al Poder Ejecutivo Federal la explicación y justificación de todos sus actos relacionados con el Estado de Excepción Constitucional, aunque no hubiesen sido ellos mencionados en la cuenta rendida.

Art. 117 – Ni el Parlamento Federal, ni ningún otro órgano o institución, ni asociación o reunión popular de ninguna clase, podrán conceder a órgano o persona alguna, facultades extraordinarias diferentes a las establecidas en esta Constitución.

Párrafo 1 – No podrá acumularse el Poder Público, ni otorgarse supremacía por la que los derechos y garantías reconocidos en esta Constitución queden a merced de órgano o persona alguna.

Párrafo 2 – Ningún proceso de reforma de la Constitución podrá iniciarse, mientras esté vigente un Estado de Excepción Constitucional.

Capítulo 8: De los bienes del Estado

Del Tesoro Federal

Art. 118 – El Tesoro Federal es compuesto por todos los bienes del Estado, los que ya existen y los que vengan a ser adquiridos, según ley específica para tal finalidad a ser aprobada por 3/5 del Parlamento Federal.

Párrafo 1 – Son de dominio originario del Estado, además de los bienes a los que la ley les da esa calidad, el suelo y el subsuelo con todos sus recursos naturales, las aguas lacustres, fluviales y medicinales, así como elementos y fuerzas físicas susceptibles de aprovechamiento.

Párrafo 2 – La ley establecerá las condiciones de este dominio, así como las de su concesión y adjudicación a particulares.

Art. 119 – Los bienes del Tesoro Federal constituyen propiedad pública, inviolable, siendo deber de todo habitante del territorio federal respetarlo y protegerlo.

Art. 120 – Los yacimientos de hidrocarburos, cualquiera que sea el estado en que se encuentren o la forma en que se presente, son del dominio directo, inalienable e imprescriptible del Estado. Ninguna concesión o contrato podrá conferir la propiedad de los yacimientos de hidrocarburos. La exploración, explotación, comercialización y transporte de los hidrocarburos y sus derivados corresponden al Estado. Este derecho lo ejercerá a través de la Empresa Federal de Recursos Naturales, Minas, Metalurgia y Energía de Chile.

Art. 121 – El Tesoro Federal será clasificado entre bienes alienables y bienes inalienables, según ley específica para tal finalidad a ser aprobada por 3/5 del Parlamento Federal.

Art. 122 – La administración del Tesoro Federal es de competencia exclusiva del Poder Ejecutivo Federal, que rendirá cuentas de ello anualmente ante el Parlamento Federal y la Corte Federal según la ley específica para tal finalidad a ser aprobada por 3/5 del Parlamento Federal.

De la Tributación Federal

Art. 123 – La Comunidad Federal Plurinacional de Chile tendrá un impuesto único no superior a 1% que incidirá sobre todas las transacciones bancarias y financieras, todas las compras de bienes y servicios y todas las transferencias de bienes, sean voluntarias o sean por herencia, según la ley específica para tal finalidad a ser aprobada por 3/5 del Parlamento Federal.

Párrafo 1 – 50% de la recaudación del impuesto único será destinada al Tesoro Federal y el otro 50% serán destinado al Tesoro Local, donde el impuesto único fue recaudado.

Párrafo 2 – 50% de la recaudación del impuesto único destinada al Tesoro Federal será redistribuida entre las unidades federativas, de acuerdo con una lista de prioridad formada desde la unidad federativa con menor recaudación local per capita hacia la unidad federativa con mayor recaudación per capita, con el objetivo principal de eliminar las desigualdades entre ellas.

Párrafo 3 – Todos los pagos de sueldo deberán ser, obligatoriamente, mediante depósito bancario en la entidad bancaria de la preferencia de quien lo recibe.

Art. 124 – La Comunidad Federal Plurinacional de Chile tasará en 10% los lucros y dividendos de las entidades bancarias y financieras del país.

Párrafo 1 – La evasión de esta tasa, en cualquiera que sea su forma, configurará crimen contra el pueblo y sus responsables serán punidos con 30 años de reclusión en entidad carcelaria común sin derecho a fianza.

Párrafo 2 – El Estado determinará la política monetaria, bancaria y crediticia con objeto de mejorar las condiciones de la economía. Controlará, asimismo, las reservas monetarias.

Art. 125 – La Comunidad Federal Plurinacional de Chile podrá tasar las importaciones, según la ley específica a ser aprobada por la mayoría simple (50%+1) del Parlamento Federal.

Art. 126 – Si, y solamente si, las fuentes de recaudación establecidas en esta Constitución resultan ser insuficientes para cubrir el pleno funcionamiento del Estado, la garantía de los derechos fundamentales de la ciudadanía según esta Constitución o los compromisos asumidos en el Presupuesto Federal, el Poder Ejecutivo Federal podrá a través de un decreto, sometido a la aprobación del Parlamento Federal, establecer nuevas formas de recaudación, siempre en carácter temporario, con el plazo y el destino de la recaudación especificado previamente.

Del Presupuesto Federal Anual

Art. 127 – El Presupuesto Federal Anual deberá ser presentado por la Primera Ministra o por el Primer Ministro al Parlamento Federal en la cuadragésima octava semana del año anterior al que será ejercido.

Párrafo 1 – El Parlamento Federal puede suprimir, alterar o agregar puntos al Presupuesto Federal Anual.

Párrafo 2 – El Parlamento Federal tiene 28 días para aprobar el Presupuesto Federal Anual, de lo contrario, este tendrá fuerza de ley en su forma original.

Párrafo 3 – El valor total del Presupuesto Federal Anual no podrá superar la recaudación del año anterior.

Párrafo 4 – El compromiso prioritario del Presupuesto Federal Anual es el pago del funcionalismo público y este no puede superar el 10%.

Párrafo 5 – El Presupuesto Federal Anual debe destinar, obligatoriamente, un mínimo de 20% para las acciones del Ministerio de Estado de la Salud, Familia y Desarrollo Social y un mínimo de 20%

para las acciones del Ministerio de Estado de la Educación, Ciencia, Tecnología y Deportes.

Art. 128 – La Primera Ministra o el Primer Ministro, con acuerdo del Gabinete de Ministerios del Gobierno Federal, podrá decretar pagos no autorizados por la ley del Presupuesto Federal Anual, únicamente para atender necesidades impostergables derivadas de calamidades públicas, de conmoción interna o del agotamiento de recursos destinados a mantener los servicios cuya paralización causaría graves daños a la garantía de los derechos fundamentales establecidos en esta Constitución. Los gastos destinados a estos fines no excederán del 1% del total de egresos autorizados por el Presupuesto Federal Anual.

Párrafo único – Los ministros de Estado y funcionarios que den curso a gastos que contravengan lo dispuesto en este artículo serán responsables solidariamente de su reintegro y culpables del delito de malversación de caudales públicos.

Art. 129 – Todo proyecto de ley que implique gastos para el Estado debe indicar, al propio tiempo, la manera de cubrirlos, la forma de inversión y el retorno social.

Art. 130 – La deuda pública está garantizada. Todo compromiso del Estado, contraído conforme a las leyes, es inviolable.

Art. 131 – La cuenta general de los ingresos y egresos de cada gestión financiera será presentada por el Ministerio de Estado de la Economía, Industria, Comercio, Turismo, Trabajo y Previsión Social al Parlamento Federal en la cuadragésima primera semana del año.

Art. 132 – Las Instituciones y Empresas del Estado también deberán presentar en la cuadragésima segunda semana del año al Parlamento Federal la cuenta de sus rentas y gastos, acompañada de un informe de la Contraloría General.

De la Contraloría General

Art. 133 – Habrá una oficina de contabilidad y contralor fiscales que se denominará Contraloría General Federal. La ley determinará las atribuciones y responsabilidades del Contralor General Federal y de los funcionarios de su dependencia. El Contralor General Federal dependerá directamente del Primer Ministerio, será nombrado por este de la lista tres nombres propuesta por el Parlamento Federal y gozará de la misma inamovilidad y período que los ministros de la Corte Federal.

Art. 134 – La Contraloría General Federal tendrá el control fiscal sobre las operaciones de entidades autónomas, autárquicas y sociedades de economía mixta. La gestión anual será sometida a revisiones de auditoría especializada. Anualmente, publicará memorias y estados demostrativos de su situación financiera y rendirá las cuentas que señala la ley. El Poder Legislativo, mediante sus comisiones, tendrá amplia facultad de fiscalización de dichas entidades. Ningún funcionario de la Contraloría General formará parte de los directorios de las entidades autárquicas cuyo control esté a su cargo, ni percibirá emolumentos de dichas entidades.

De las finanzas de las unidades federativas

Art. 135 – La administración del Tesoro Local será ejercida por la Gobernación Local de forma idéntica, en la medida de lo posible, a la Federal en su propio nivel según la ley específica para tal finalidad a ser aprobada por 3/5 del Parlamento Federal

Capítulo 9: Del mecanismo constituyente

De la enmienda a la Constitución

Art. 136 – La Constitución podrá ser enmendada mediante propuesta:

1) De un 1/3, al menos, de los miembros del Parlamento Federal;

2) De la Primera Ministra o el Primer Ministro;

3) De más de la mitad de los Parlamentos Locales de las unidades federativas, manifestándose cada una de ellas por mayoría simple (50%+1) de sus miembros;

4) Por iniciativa popular registrada en el Servicio Electoral que tenga la adhesión del 10% de las electoras y los electores.

Art. 137 – La Constitución no podrá ser enmendada bajo la vigencia de intervención federal o Estado de Excepción Constitucional.

Art. 138 – Una enmienda a la Constitución deberá ser aprobada por 3/5 del Parlamento Federal.

Art. 139 – No será objeto de deliberación la propuesta de enmienda tendiente a abolir:

1) El carácter laico y democrático del Estado;

2) La forma federal y plurinacional del Estado;

3) El voto directo, secreto, universal y periódico;

4) La separación de los Poderes del Estado;

5) Los derechos fundamentales.

Art. 140 – La materia objeto de propuesta de enmienda rechazada o considerada inoperante, no podrá ser objeto de nueva propuesta en la misma sesión legislativa.

De la activación del mecanismo constituyente

Art. 141 – Solamente el Poder Popular tiene la potestad de activar el mecanismo constituyente que convoca una Asamblea Constituyente para redactar una nueva Constitución.

Párrafo único – El mecanismo constituyente es activado de forma inmediata cuando la mayoría simple (50%+1) por suma sin plazo de las inscritas e inscritos en el padrón electoral manifiestan, individualmente, ante el Servicio Electoral su solicitud de activación del mecanismo constituyente a través de un formulario propio para tal finalidad ofrecido por el Servicio Electoral.

De la Asamblea Constituyente

Art. 142 – La Asamblea Constituyente será elegida de la misma forma que el Parlamento Federal, pero poseerá el doble de representantes y funcionará en paralelo al Parlamento Federal con la única y exclusiva finalidad de redactar una nueva Constitución.

Párrafo 1 – La Asamblea Constituyente deberá funcionar en un espacio habilitado para tal finalidad en el Distrito Federal de Santiago de Chile.

Párrafo 2 – Las constituyentes y los constituyentes recibirán un sueldo mínimo por su labor y ningún otro beneficio más les será dado, además que los esencialmente necesarios para el cumplimiento pleno de su tarea.

Párrafo 3 – La Asamblea Constituyente sesionará en los mismos días que el Parlamento Federal y se regirá por su propio reglamento interno.

Párrafo 4 – La Asamblea Constituyente perdurará hasta que cumpla con su labor de redactar la propuesta de una nueva Constitución.

Párrafo 5 – La nueva Constitución será sometida a plebiscito y, en caso de ser rechazada, se reiniciará nuevamente el proceso desde el principio. En caso de ser aprobada, será puesta en efecto inmediatamente.

Capítulo 10: De la omisión constitucional

Art. 143 – Cada caso omiso en esta Constitución, que demande norma legal reguladora, será regulado por una ley aprobada por el Parlamento Federal y, en la ausencia de esta ley, el caso será juzgado por la Corte Federal hasta que haya ley que lo regule.

Párrafo único – Ninguna ley aprobada por el Parlamento Federal o por los Parlamentos Locales puede ser contraria a esta Constitución, cabiendo a la Corte Federal juzgar sobre la constitucionalidad de cada ley.